돌봄,

* 《돌봄,》의 **쉼표(,)는,**
　편안하고 행복한 쉼의 시간을 갖는 어르신을,
　그들의 생의 마지막 쉼을 돕는 요양보호사를,
　돌봄을 주고받는 이들의 이어지는 이야기를,
　의미합니다.

** 일러두기
- 인용된 사례는 실제를 바탕으로 재구성하였습니다.
- 대화문 속 방언, 속어, 표현은 가급적 그대로 인용하였습니다.
- 가독성을 높이기 위해 활자, 자간, 행간을 설정하였습니다.

생의 마지막 쉼을 돕는
어느 요양보호사 이야기

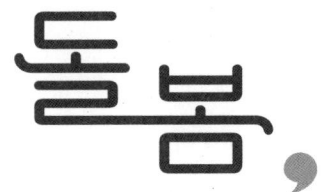
돌봄,

이승희

추천의 말

김선표

사회복지법인 진명복지재단 대표이사

저자인 이승희 님은 몸과 마음에 밴 배려와 남다른 임기응변으로, 돌봄이 어려운 치매 어르신들을 헌신적으로 보살펴 온 요양보호사입니다.

주부의 삶을 살면서 요양보호사 역할까지 한다는 건 무척 고되고 어려운 일일 것입니다. 게다가 그동안의 경험을 틈틈이 기록해서 책을 내겠다 결심, 실행으로 옮긴 것은 진심으로 어르신들을 '돌봄,' 한 삶의 체험에서 얻은 힘이 아니라면 불가능했을 것입니다.

책 속에는 저자의 말처럼 '인간 존중'과 '역지사지(易地思之)'의 마음이 오롯이 구현된 사례가 이어져 있습니다. 치매 어르신들의 기억은 시공간적으로 단락 되어 환자가

100이면 100 모두 그 증세가 다르므로, '그들의 이야기에 귀 기울이고 마음을 다해 받아줄 때' 해결책이 보이더라는 글에서 저자의 부단한 노력과 진심을 읽을 수가 있습니다.

기록으로 남지 않은 경험은 세월과 더불어 풀잎의 이슬처럼 사라집니다. 저자의 현장 경험이 고스란히 담겨있는 책 《돌봄,》은, 노인 복지계, 특히 치매 어르신을 돌보는 기관과 운영자는 물론, 동역 종사자와 치매 어르신의 가족 및 보호자에게 소중한 사례가 되고, 나아가 어떤 이에게는 대안과 지혜로 승화될 것임을 믿어 의심치 않습니다.

앞서 추천사를 부탁받고 조금 망설였지만, 원고를 읽으며 적잖은 뭉클함이 있어 부끄러움을 무릅쓰고 몇 자 거친 글로 마음을 전합니다. 재단의 한 가족으로서 책 《돌봄,》을 통해 소중한 경험을 세상에 전할 수 있게 되어 더불어 기쁘고 행복합니다.

끝으로, 함께 일하는 이들 사이에서 때론 큰언니로, 때론 선임자로서 헌신하며, '올바른 돌봄'을 위해 앞장서 주신 이승희 님의 따뜻한 삶에 감사와 박수를 보냅니다.

축하의 말

배영범
화목한재활주간보호센터 대표

책 《돌봄,》은, 그동안 제가 읽은 치매 환자와 요양보호사 이야기를 주제로 한 책 중에서 단연코 최고의 책이라 생각합니다.

저자는 6년이라는 시간 동안 요양보호사로 일해 오면서 쌓은 소중한 경험과 노력을 생활 속 사례를 중심으로 이야기하듯 풀어내었습니다. 그 속에 알알이 박힌 고귀하고 아름다운 헌신의 모습이 장면과 장면으로 이어져 그려지기도 합니다.

이 책은 분명, 치매 어르신과 그 가족들에게 큰 위로와 도움이 될 것입니다. 또한 같은 업을 수행하는 이들에게는 요양보호사라면 누구나 고민하고 있을 법한 현실에 대해

놀라운 이해와 통찰력으로 지혜와 방법을 선물해 줄 것입니다.

모쪼록 저자인 이승희 요양보호사님의 따뜻한 마음과 헌신적인 노력이 책을 통해 전해져, '동병상련(同病相憐)'의 많은 이들에게 작지만 의미 있는 울림이 되길 바라 마지않습니다.

아울러, 치매 어르신을 돌보는 일이 결코 쉽지 않은 일이지만, 사랑과 인내로 그들의 마지막 삶에 좋은 기억을 채우기 위해 노력하는 모든 요양보호사님들께 깊은 존경과 감사를 표합니다.

책 《돌봄,》이 치매 어르신과 주변인들을 이해하고 돕는 양서(良書)가 되길 희망하며, 저자의 아름다운 경험이 가치 있고 귀한 책으로 엮어져 세상에 나오게 된 것을 진심으로 축하합니다.

많이 모자라고 부족한 글에 마음을 담아 전합니다.

고맙습니다.

들어가는 말

사명감에서 시작한 일은 결코 아니다. 절박한 상황에서 가장 빠르게 나를 살아가게 해준 것이 '요양보호사'란 직업이었다. 이 일은 나에게 새로운 희망과 목표를 세워주었고, 나는 이 도전에 흔쾌히 응했다.

첫 출근을 준비하면서, 나의 어설픈 감정과 생각은 잠시 끄고 일에만 집중하기로 결심했다. 몸이 힘들고 마음이 무너져 내리는 순간이 늘 도사리고 있었지만, 그런 시간들을 잘 추슬러가며 지금에 이른 것 같다.

6년 동안 치매 어르신들과 지내면서 한 번도 그분들로

인해 내 감정이 상처를 받거나 불편했던 기억은 없다. 사람들은 이 일을 감정 노동이 심한 힘든 직업이라고들 하지만, 나에게는 그렇지 않았다. 이따금 스스로도 신기할 정도로 일이 힘들지 않았다. 되려 나를 그분들에게 적응시켜 나갔기에 내 감정이 흔들리지 않았고, 더욱이 나를 찾는 손길을 함부로 뿌리칠 수 없었다.

스스로의 품위를 손상시키지 않는 방법은 상대방의 품위를 최대한 지켜드리는 것임을 항상 마음에 품고 있는 나만의 신념이었다. 이러한 다짐이 나를 더 강하고 견고한 사람으로 만들어 주었다.

지금은 요양보호사 일을 뒤늦게 알게 된 천직으로 여기며, 어르신들과 즐거운 하루하루를 보내고 있다. 이 일을 통해 많은 사람들과 인연을 맺고, 그들의 삶을 돕는 것에 큰 보람을 느낀다. 모두가 아름답고 행복한 생의 마지막 마침표를 찍기를 소망한다. 그리고 그 과정에서 필요한 것은 사랑과 배려, 그리고 존중이라고 생각한다.

생의 마지막 어느 한 부분에 누군가의 도움이 반드시 필요하고, 그 도움의 손을 잡아주는 사람이 나를 배려하고 존중해 주는 누군가라면 더 이상 바랄 게 없을 것이다. 이런 생각으로 어르신들을 보살피는 것이 나의 역할이라고 생각한다.

주간보호센터에서 어르신들을 보살피며, 다양하게 나타나는 치매 어르신들의 인지와 행동 심리 상태를 보호자분들이 힘들어하고, 그로 인해 당사자인 치매 어르신들이 더 힘들어하는 것을 보았다. 이런 상황 속에서 내가 어떻게 하면 그들에게 도움을 줄 수 있을지 고민하게 되었다.

치매 가족을 돌보는 일이 지치고 힘들지만, 조금만 생각을 바꾸면 서로가 행복하고 좋은 기억들로 아름다운 마무리를 할 수 있다. '치매'를 병으로만 보지 말고, 노년기의 마지막 '소중한 시간'으로 받아들여 치매 어르신은 물론, 돌봄 가족들도 즐거움을 찾고 만들려는 노력을 해야 한다. 책 속 주인공인 호호 할머니와 하하 할아버지처럼.

다년간 많은 어르신들의 돌봄을 해오면서, 그분들과 함께한 행복한 시간들을 몇몇 이야기들로 모두 그려낼 수는 없다. 하지만 진정으로 마음을 열고 나누었던 그분들과의 감정의 교류는 하나의 큰 가치로 피어났다.

몇 초간 눈을 바라보고 손을 잡아주는 단순한 스킨십만으로도 불안한 마음이 진정되고 눈빛이 달라진다. 이는 사람과 사람 사이의 감정의 연결, 그리고 이해와 사랑의 표현이다. 서로가 행복해질 수 있는 방법은 멀리 있는 게 아니다. 나의 욕심을 버리고 그분들을 바라보고 한 발 더 다가가면 어려웠던 상황들이 쉽게, 또 즐겁게 해결된다.

치매와 보살핌으로 더 이상 서로가 고통받지 않고, 남은 날들이 행복한 추억으로 채워지길 바란다. 모든 기억이 사라진다 해도, 햇살이 밝게 빛나던 순간들만은 잊히지 않고 마음속 깊이 남아 빙그레 웃음 짓게 하는 것, 그것만으로도 충분하다. 그리고 그런 순간들이 내 삶에도 큰 행복과 존재의 이유를 제공한다.

이천이십사년벚꽃흩날리는아름다운어느봄날

이승희

차례

추천의 말_김선표 ...4

축하의 말_배영범 ...6

들어가는 말 ...8

| 돌봄 1장 | 절박함에 대한 이해와 공감

제발 내 이름도 불러 줘 ...17

먹을 것은 준비들 하고 있나 ...23

반전에 반전이야 ...30

난 중학교 졸업한 사람이야 ...37

나 데리러 올 거지 ...43

| 돌봄 2장 | 해결책을 찾는 시간과 헌신

세상없어도 내 딸이여 ...51

댄싱퀸 나가신다 ...57

전생에 덕을 쌓은 게야 ...63

어제 갔어도 아깝지 않아 ...68

| 돌봄 3장 | 불편함을 덜어주는 관찰과 소통

오래 살아서 뭐 할라꼬 ...77

난 오늘도 걸어야 해 ...83

서방님 오시기 전에 집에 가야 해 ...89

이 정도는 돼야 멋쟁이지 ...94

내 이야기엔 도돌이표가 있어 ...99

돌봄 4장 | 삶에 대한 존중과 배려

인자 쫌 그만 하소 …107
적응력 하나는 갑이여 …112
할 일이 태산이라 못 가 …117
나도 영감만큼 늙었소 …124

돌봄 5장 | 진정성 있는 대화와 나눔

시간이 왜 자꾸 거꾸로 흘러 …133
아직도 심쿵하나 …138
저 아직 많이 어려요 …145
여기가 마지막 희망터야 …150
키만 큰 게 아니야 …155

돌봄 **1장**

절박함에 대한 이해와 공감

- 제발 내 이름도 불러 줘
- 먹을 것은 준비들 하고 있나
- 반전에 반전이야
- 난 중학교 졸업한 사람이야
- 나 데리러 올 거지

치매는 환자 본인의 인식력이나 행동 변화가 자유롭게 제어되지 못하므로, 때때로 예측이 어려운 행동을 보이게 된다.

이러한 행동을 교정하려는 시도와 환자를 이해하려는 노력은 종종 돌보는 이들로 하여금 감정적 소모를 경험하게 한다.

따라서 치매 환자를 지속적으로 돌보고 잘 관리하기 위해서는 반드시 환자의 입장에서 모든 것을 이해하고 공감하려는 노력이 필요하다.

제발 내 이름도 불러 줘

　매일 반복되는 주간보호센터 일과의 첫 시작은 오늘의 연도와 날짜, 요일을 어르신들에게 정확하게 알려 드린 후 출석을 부르는 것이다.

　출석은 '가나다' 순으로 오십 여분의 어르신들 성함을 또박또박 부르며 정중하게 아침 인사를 드리고, 한 분 한 분의 상태도 파악하는, 어떤 의식과도 같은 시간이다.

　일반적으로 매일 똑같은 시간에 날짜와 요일만 달라질 뿐, 20여 분 이상 소요되는 지루한 시간이 될 수도 있다.

하지만 어르신들 중에는 그날 상태에 따라 센터에 등원한 지 수일이 지났는데도 오늘을 첫날로 인지하고서 모든 것을 처음 해 본다고 하기도 한다. 당연히 그런 분들에겐 '출석 확인'도 첫 경험이 되고 만다. 그렇게 몇몇 분들의 며칠 간의 기억은 순식간에 연기처럼 사라져 버린다.

자신의 이름이 스피커를 통해 생활실에 울려 퍼지면, '내 이름은 언제 나오나?' 긴장하는 어르신, 누구의 이름이 불리든 관심 없는 어르신, 귀가 잘 안 들려 몇 차례 반복해서 불러야 손을 들어주는 어르신... 매일 마주하게 되는 모습들이다.

이렇게 출석 확인이 끝나고 등원한 어르신들에게 인사말을 건네는데,

"와 내 이름은 안 부르는교? 나는 이 학교 학생이 아닌가 벼!"

대뜸 호호 할머니가 소리를 친다.

"어르신, 앞에서 어르신 성함을 불러드렸는데요."

요양보호사의 공손한 대답에도 호호 할머니는 아랑곳

하지 않고 더 격앙된 목소리로,

"그라믄 내가 듣고도 지금 안 불렀다 한다는 소린교?"

생활실 분위기가 갑자기 어수선해지기 시작하자 출석을 부르던 요양사가 얼른 사죄하며,

"어르신, 죄송합니다. 제가 출석부 한 장을 그냥 넘겨서 어르신 성함이 빠졌네요. 노여움 좀 푸시고 한 번만 봐주시면 안 될까요?"

그러자 옆자리에 앉아 있던 다른 어르신들도 한 마디씩 돕기 시작한다.

"됐다, 고마. 실수로 그랬다 카이 화 푸소!"

"화가 난 기 아니고… 이름이 빠져서 물어본 것이재."

누그러진 호호 할머니의 말로 더 어수선해질 뻔한 상황이 정리되었다.

그날 이후 출석을 부를 때는 호호 할머니의 상태를 먼저 살펴, 한 번을 부르기도 두 번, 그 이상을 부르기도 했다. 어느 날은 앞서가는 출석 부르기 서비스로 앞쪽에서 한 번, 마지막에 또 한 번을 불러드렸는데… 호된 꾸중을 들어

야 했다.

"와 나는 두 번씩이나 부르는교? 내가 바본 줄 아나! 다른 이는 한 번만 부르믄서 내 이름은 뭣 때문에 두 번씩 부르노!"

그럴 땐 출석 부르던 요양사가 순발력을 발휘해야 한다.

"어르신, 제가 좀 전에 어르신 목소리가 잘 안 들려서요, 한 번 더 불러드렸어요." 그래도 안되겠다 싶으면,

"제가 어르신을 너무 좋아하다 보니 한 번 더 부르고 싶었어요. 사랑합니다~!"

그러면 예민한 호호 할머니, 나긋하게 대답하는 요양사에게 차마 화는 못 내고 툭 한마디 던진다.

"알겠구마."

그러다 가끔, 어르신의 상태를 미처 전달받지 못한 요양사가 출석을 부르고 마무리 인사를 할라치면,

"내 이름은 언제 부르는데? 항상 일찍 부르더마, 오늘은 다 부르고 와 나만 안 부르고 지나가는데! 어이!"

화가 치민 호호 할머니, 책상을 탕탕! 치며 소리친다.

"내일부터는 오지 말라는 것이재! 그래, 내가 여기 아니마 갈 데가 없나. 안 나온다! 안 와!"

어떤 설명도, 어떤 사죄의 말도 듣지 않고 화만 내는 호호 할머니 옆에 나란히 앉아 있던 두 어르신이 좀 전에 이름 불렀고 대답도 다 했다며 차분히 다독이자,

"내 이름 불렀능교? 근데 와 나는 안 불렀는 것 같노. 진짜 부른 것 맞지요?"

확인에 확인을 하고 난 뒤에야 비로소 그날의 '출석 시간'을 끝낼 수 있었다. 하지만 그 후로도 출석 부르기는 호호 할머니의 상태에 따라 가능하면 기억이 사라져 버리기 전에 마무리할 수 있도록 해야만 했다.

내일은 또 어디쯤에서 몇 번을 불러드려야 무사히 출석 시간이 지나갈지….

,

호호 할머니는 자신의 불안한 기억력 때문에 혹시나 타인에게 무시당하거나 적절한 대우를 받지 못하는 것은 아

닌지, 모든 촉각을 곤두세우고 있다.

그러므로 불안한 심리 상태가 과격한 말이나 행동으로 나타나기도 하는데, 기억을 못 하는 부분을 억지로 드러내거나 강요하는 것은 상황을 더욱 악화시키게 된다.

보호자들은 먼저, 할머니가 환자임을 인지하고 시시각각 변하는 상태를 세심히 살펴야 한다. 만약 기억을 못 하는 부분이 있다면 몇 번이라도 반복하여 설명하고, 천천히 환자의 욕구를 충족시켜 주어야 한다. 그러할 때 비로소 존중받는 순조로운 돌봄이 될 수 있다.

먹을 것은 준비들 하고 있나

유명 프라이드치킨 가게 앞 하얀 양복에 지팡이 든 배불뚝이 할아버지를 떠올리게 하는 하하 할아버지가 탁! 탁! 지팡이 소리를 내면서 생활실 문 앞 의자에 앉아 실내화를 내어 주길 기다린다.

매일 아침마다 갈아 신을 실내화를 발 앞에 가지런히 놓아 드리면,

"허허, 내 이름을 우째 이리도 잘 아노?"

수년을 다니며 한결같다.

풍채가 좋고 하얀 피부에 중절모를 쓰고 들어오는 모습

은 인자한 멋쟁이 할아버지가 분명하다. 지팡이 소리와 함께 괜히 한 마디 툭 던진다.

"어데 앉아야 되는데?"

오랜 시간 지켜온 본인만의 규칙에 따라 방향을 잡고 자리를 찾는다. 그러나 그 이후로 인자한 모습은 온데간데없이 사라지고 만다.

다 먹은 죽 그릇에 숟가락이 안 보이거나 큰 물컵이 없어지기도 했다. 여태껏 사라진 수저가 얼마인지조차 알 수가 없다.

화장실에서 나올 때는 별도의 핸드타월을 몇 장 더 빼내 주머니에 넣곤 반은 바닥에 흘린 줄도 모르고 나왔다.

치매가 멋쟁이 하하 할아버지를 변화시켜 버린 것이다. 할아버지가 가져간 생활실 비품들은 보호자가 모아 두었다가 다시 돌려주기를 반복했다.

그러다 더는 안되겠다 싶었던지, 하루는 하하 할아버지의 주머니를 보호자가 모두 바느질로 막아버렸다. 그것이 해결책은 될 수 없었고, 주머니가 없어지자 하하 할아버지는 이런저런 물건들을 자신의 허리춤에 넣기 시작했고, 그것들은 이내 바짓가랑이 사이로 흘러 땅에 떨어졌다.

"어르신, 바지 속에서 젓가락이 나왔네요."

"내 꺼가? 허허, 주머니가 없어서 그러네."

"어떻게... 여기서 소독해 둘까요? 내일 또 쓰시도록."

"아이고, 그래 주면 고맙고이."

포기할 때도 있지만, 꼭 가져가려 할 땐 책상 안에 넣어 드린다. 무엇보다도 하하 할아버지의 심리적 안정이 중요하기 때문이다.

점심을 맛있게 먹고 한 시간 정도 지나 주위 분들과 얘기를 나누다가도,

"여기는 어른들을 이래 모아 놓고 아무것도 내 오는 게 없나? 어이! 여기 보소! 먹을 것은 준비들 하고 있나?"

요양보호사를 불러 다그치듯 물어본다.

"어르신, 벌써 출출하세요? 식사 하신지 얼마 안 지났는데요?"

"이 사람이! 언제 우리한테 밥을 줬다카노! 배고파 쓰러

지겠구만."

버럭 소리친다.

"어르신, 식사를 못 하셨군요. 얼른 간식이라도 준비해서 올리라고 하겠습니다. 그전에 따뜻한 물부터 한 잔 더 드릴까요?"

하루에도 따뜻한 물을 몇 잔씩 마시는 하하 할아버지에게는 보약과도 같은 온수가 허기진 마음을 감싸준다.

겨울 여름 할 것 없이 할아버지는 온수를 호호 불어 가며 하루에 열 잔 정도를 마시는데, 이것이 장수의 비결인 것도 같다.

그래도 간식이 나오기까지는 두어 시간이 남았는데, 한 차례 더 재촉한다.

"도대체 뭣들 하는데 시간이 지나도 먹을 게 안 나오노! 준비는 하고들 있나?"

"어르신, 오래 기다리게 해서 송구하네요. 주방에서 지금 상을 보고 있다고 연락이 왔어요. 곧 올라오면 바로 드실 수 있어요. 화나신 건 아니죠?"

상황을 자세하게 설명하자,

"화가 난 기 아니고, 여기 어른들이 모두 기다리니 내가 물어본 것이재."

점잖게 누그러진 표정을 짓다 간식이 나오자 이내 얼굴에 화색이 번진다. 다행스럽게도 종류에 상관없이 무엇이라도 먹고 나면 조용히 자리를 지키고 있는다.

하원 시간이 되면, 어르신마다 따로 정해진 코스와 시간이 있는데도 먼저 벌떡 일어나 나오며,

"내 모자 어딨노? 나도 이제 슬슬 집에 가야지."

안전상 위험할 수 있어 요양사가 막아서며,

"어르신, 지금은 못 가시고, 조금 있다가 어르신 차례가 되면 말씀드릴게요."

그러면 대번에 참지 않고 버럭 소리를 내지른다.

"왜 나는 못 가는데? 다들 가는데, 왜 길 막고 못 나가게 하노! 와!"

화가 커져 지팡이를 휘두르기 전, 살짝 콧소리를 더해 하하 할아버지를 붙잡으며,

"어르신~ 체조하고 힘드신데 차가 올 동안 잠시 따뜻한 녹차라도 한잔하고 가시면 좋을 것 같아서요."

"허허, 그래? 봉고차가 오고 있구만. 그라마 한잔 마시고 가지 뭐. 됐네."

자리로 돌아가 앉는 하하 할아버지 앞에 얼른 찻잔을 가져다드린다.

"고마워요, 선생님~"

기분 좋을 때 나오는 '선생님~'이 더없이 달콤하고 부드럽게 전해진다.

이내 누가 나가고 들어오는지 따위엔 관심이 없다. 손에 든 따뜻한 컵 속을 조용히 내려다보는 하하 할아버지의 표정이 평온해진다.

,

하하 할아버지는 흔히들 말하는 '귀여운 치매'다. 할아버지의 욕구는 대부분 먹는 것으로 해결이 가능하다.

다만, 물건에 대한 집착은 어쩌면 자신도 모르는 사이에 사라져 가고 있는 기억의 조각들을 또 다른 무언가로 채우려 하는 건 아닐까.

긴 시간 어르신들을 모시다 보면, '왜 저럴까?'보다는 '저럴 수도 있겠구나!' 하는 마음이 더 생긴다.

그렇게 그분들의 손을 한 번이라도 더 잡아드리려 한다.

하루 더 평온하게 지내시길 바라며.

반전에 반전이야

경도(가벼운 정도) 인지 장애로 기억학교를 다녔지만, 치매가 좀 더 심해지면서 일상생활에 어려움이 많아져 주간보호센터로 오게 된 호호 할머니.

첫날, 기억학교와 주간보호센터가 한 건물에서 층만 달리해서인지 별다른 어색함 없이 '찐' 핑크색 가방을 옆구리에 끼고 생활실로 들어왔다. 요양보호사들의 인사도 잘 받아주고, 처음 보는 분들과도 스스럼없이 얘길 잘 나눠 적응력이 무척 좋으시다고 생각했다.

특히나 어르신들의 선호도가 높은 '트롯 체조 시간'에는 흥에 겨워 자리를 박차고 일어나 율동을 따라 하며 즐거운 시간을 보내곤 했다.

하지만 호호 할머니의 '반전'은 점심 식사 후에 시작되었다. 수저를 놓는 그때부터 온 마음이 집으로 가야 한다는 불안감에 휩싸인다. 애착 가방을 한 손에 꽉 움켜쥐고 등원 후 들락날락하던 화장실을 한 번 더 다녀온 뒤, 보이는 모든 문을 밖으로 나가는 통로로 인식하고선 필사적으로 통과하려 애를 쓴다. 비밀번호로 잠겨있는 출입문을 열기 위해 막무가내로 힘을 써보지만 소용이 없다. 아무리 두드리고, 발로 차 보아도 꿈쩍 않는 문이 호호 할머니의 마음을 알아줄 리 없다. 야속하리만치….

다들 바쁘게 움직여야 하는 식사 시간 중이라 호호 할머니의 마음을 알고, 잠시만 기다려 줄 것을 부탁해 봐도 절박한 할머니에게 무슨 소리가 들릴까!

한 요양사가 문에다 발길질을 하는 할머니를 다독이며,

"어르신~ 점심 식사는 맛있게 하셨어요?"

"몰라! 밥을 먹었는지 안 먹었는지. 몰라! 어서 문이나

열라고!"

"어르신~ 어디 가시려고요?"

"어? 집에 가야지! 집에! 지금 영감이 안 온다고 난리가 났다!"

"그러시구나! 할아버지 때문에 걱정이 많이 되셨어요? 제가 어르신 댁에 모셔다드릴게요. 잠시만 기다려 주시면 안 될까요?"

"지금 바빠 죽겠는데, 뭘 기다리노! 어서 문 열어라!"

"어르신을 모셔다드릴 차가 지금 오고 있는 중이고, 곧 도착한다고 연락이 왔어요. 그러니 잠시만 더 기다려 주세요."

할머니의 요구를 들어주겠다는 말에 다소 불안했던 마음이 누그러지면,

"나는 차 안 타고 걸어가도 되는데 차는 와 불렀노."

"아니~ 오늘 밖에 날씨가 너무 추워서 걸어가실 수가 없어서 차를 불렀어요."

"그러나? 날이 마이 춥드나?"

이제 호호 할머니의 마음이 다른 쪽으로 이동을 시작한다.

"네~ 어르신, 제가 어르신 댁을 잘 알고 있어서 모셔다드리려 하는데요, 아직 제가 점심을 못 먹어서 배가 많이 고파요. 금방 밥 먹고 와서 모셔다드리면 안 될까요?"

"그래, 아직 밥도 안 먹었나? 배고프겠네. 어서 가서 먹고 온나."

한고비를 넘어간다.

"어르신~ 저 기다리는 동안 심심하실 텐데, 제가 하던 실뜨기 한번 해 보면서 기다려 주실래요? 이거 보기보다 재미있어서 시간이 잘 가요."

호호 할머니에게 무어라도 집중할 수 있는 흥밋거리를 드리면 한동안은 안정이 되지만, 하루에도 몇 차례씩 똑같은 상황이 반복된다. 불안한 마음에 애착 가방에 대한 집착은 더 커지고, 화장실에 가는 횟수도 더 늘어나는데, 다녀온 후에는 긴장감이 다소 풀리기도 하는 또 다른 반전이 있을 때가 많다.

호호 할머니의 기다림은 그리 길지 않다. 당연히 머릿속은 온통 집에 대한 걱정뿐인데, 색칠하기, 실뜨기, 퍼즐 맞추기 등을 혼자서 하며 집중할 수 있는 시간은 불과 몇 분에 지나지 않는다.

할머니의 머릿속에 잔존하고 있는 그 기억의 방향을 완전히 돌려놓아야 하는데, 또 다른 기억 저편에 있는 행복했던 이야기나 힘들게 살아온 이야기를 나누면서 현재의 상황을 전환시켜 본다. 곧 불안했던 마음이 진정되면서 눈빛부터 편안해진다. 더없이 '순한' 호호 할머니가 되어 차분하게 하원 준비를 한다.

하루에도 수차례 반전에 반전을 거듭한 호호 할머니는 차츰 마음의 문을 열고 친절하게 다가오는 사람들을 받아들이기 시작했다. 또한 시간이 지나면서 이곳이 안전한 곳임을 알고는 편안한 생활을 이어갔다.

어쩌다 한 번씩 불안함이 불쑥 튀어나와 반전을 시작하기도 하지만.

"어르신, 댁으로 가시기 전에 화장실 한번 다녀오시겠

어요?"

"그래! 우리 집이 어딘지 알고 있나?"

불안하지만 집으로 간다는 가장 기분 좋은 소식에 화장실을 다녀온 후, 더없이 평온해진 얼굴로 자리에 가져다 놓은 그림 도안에 자연스럽게 색을 칠하며 집중을 한다.

그렇게 또, 또, 하루를 보낸다.

,

반복되는 상황이라도 항상 처음 일어나는 일처럼 차분한 목소리와 손길로 다독여야 한다. 오랜 세월을 살아온 경험치가 뼛속 깊이 배어있는 어르신들을 치매 환자라고 소홀히 하거나 무시를 해버린다면 불안을 더욱 증폭시키는 원인이 된다. 어떤 상황이라도 돌봄의 원칙은 하나로 귀결된다.

'인간 존중'과 '역지사지(易地思之)'의 마음

몇 번을 강조해도 거듭 머리와 마음에 새겨야 하는 말이다. 나 역시 언젠가 누군가의 손길을 필요로 할 때가 올 것이라는 생각을 바탕으로 배려와 섬김의 마음이 녹아 있을 때, 비로소 자연스러운 보살핌이 이루어지고, 돌봄을 받는 대상이 심리적인 안정과 편안함을 느끼게 될 것이다.

난 중학교 졸업한 사람이야

주간보호센터에 들어오는 어르신들 중 다수는 학교를 다닌 적 없는 무학자(無學者)이다. 그중 글을 모르는 분들도 절반이 넘는다. 하지만 그들 속에 중학교까지 졸업한 고학력자 하하 할아버지가 있다. 아내인 호호 할머니보다 몇 달 먼저 센터에 들어왔는데, 처음에는 자신의 상황을 부정하곤 했다.

"느그들이 다 틀렸어! 난 아직 여기 올 필요 없이 아주 멀쩡해!"

하하 할아버지는 본인이 이곳의 노인들과는 다른, '일반인'임을 보호자나 요양보호사들에게 내세우려 했으나, 하루가 채 지나기도 전에 마음의 소리로만 남게 되었다.

생활실로 들어서면서부터 반갑고 살갑게 맞이하는 요양사들의 모습에 팔순이 넘은 고학력자 하하 할아버지의 불만은 사그라들 수밖에 없었다. 또 아침 대용으로 나오는 죽을 먹은 후, 간호조무사의 혈압과 체온 확인, 그 뒤로 쭉 이어지는 센터의 다양한 프로그램이 하하 할아버지의 잠들어 있던 오감을 자극하기에는 충분했다. 그뿐만 아니라, 집에서 스스로를 고립시키며 수년간을 지내 온 할아버지가 넓은 공간에서 여러 어르신들이 함께 어우러져 생활하고 있는 모습에 적잖은 충격을 받기도 했다.

수많은 어르신들이 센터에서 잘 적응해 생활하는 모습을 지켜본 하하 할아버지, 그 활기찬 분위기에 굳게 닫혔던 마음의 문이 활짝 열렸다. 이내 약간의 설렘까지 할아버지의 표정과 말투, 행동에서 드러났다.

입소 전 사전 상담에서 목욕뿐 아니라 세안도 거부가 심해 얼굴과 눈 주위가 온통 각질로 덮여있다는 내용이 있었다. 그래서 첫날엔 하하 할아버지의 상태만 확인하였고, 다음날부터 시간을 두고 천천히 협조를 구해나갔다. 그러자 할아버지는 점차 상황을 마음으로 받아들이기 시작했다.

깨끗이 세안을 하고, 약도 바르고, 목욕도 시켜드리니, 며칠 되지 않아 센터 생활에 잘 적응했고, 2주가 지나면서는 안색이 달라지고 피부가 회생되면서 점점 더 멋진 하하 할아버지로 변해갔다. 본인도 자신의 변화에 무척 만족스러워했고, 특히 보호자인 딸도 아버지의 이런 모습에 고마워했다. 마침내 아파트 경로당에 잘 다니고 있던 어머니까지 설득해 아버지와 함께 센터에 다니게 하였다.

무학력의 호호 할머니는 고학력의 남편을 모시고 산 세월이 길고도 길어, 단지 하루의 몇 시간만이라도 경로당에서의 자유로운 일탈을 만끽하고 있었는데, 그것마저 어쩔 수 없이 포기하고 일주일에 세 번만, 그것도 남편과는 건물 층을 달리하여 지내보기로 하였다.

등하원은 두 분이 함께 차량에 나란히 앉아 오가지만,

생활실에서는 층이 다르기 때문에 금세 적응을 마친 호호 할머니는 너무나 즐겁고 자유롭게 지냈다. 그러다 하원 시간이 되면, 아무 일도 없었다는 듯 입을 꾹 닫은 채 무표정으로 하하 할아버지를 만나 차를 타고 집으로 갔다.

떨어져 있던 두 분이 가끔 같은 프로그램으로 만날 때가 있다. 간단한 학습지를 풀어 보는 시간인데, 무학력 호호 할머니가 고학력 남편에게 슬그머니 학습지를 건네준다. 대신 좀 해달라는 무언의 요청이다. 남편은 당연한 듯 두 장의 학습지를 풀어 아내에게 내어준다. 이후로도 호호 할머니는 충분히 혼자서 해결할 수 있는 학습지임에도 무조건 남편이 해 줘야 한다는 믿음이 생겼고, 그 프로그램이 있는 날엔 언제나 하하 할아버지를 찾아 옆자리를 고수한다. 되려 보기 좋고 흐뭇한 모습이기도 하다.

그렇게 별일 없이 지내던 어느 날, 하원 시간에 맞춰 찾아온 호호 할머니를 본 하하 할아버지가 대뜸 고함을 치며 언성을 높였다.

"도대체! 하루 종일 어데 있다가 집에 갈 때 다 되가 이

제사 오는데! 어잇!"

 호호 할머니뿐 아니라 그곳에 있던 모두가 영문도 모른 채 꾸중을 듣다가, 곧 할아버지가 왜 화가 났는지 알아차릴 수 있었다. 내용은 이러했다.

 이렇게 좋은 기관에 등록을 해 놓고, 호호 할머니가 아파트 노인정에 가서 고스톱을 치다가 늦게 온 걸로 착각을 했던 것이다. 하하 할아버지의 화가 가라앉자 찬찬히 상황을 알려드리고 하원을 도와드리는데, 아무 일도 아니라는 듯 할머니는 무표정으로 앉아 있었다. 오랜 세월 함께 살아온 달관자의 모습이랄까.

,

 두 분의 집은 오래된 계단식 5층 아파트이다. 거동이 많이 불편한 하하 할아버지는 센터에 다니게 되면서 하루에 한 번은 꼭 이 계단을 오르고 내려야 했다.

 할아버지의 등하원을 도와드리면서 또 하나 깨달은 것이 있다. 5층을 혼자 오르면서는 빨리 올라가야 한다는 생각에 항상 숨차 했었다. 그러나 할아버지를 모셔다드리며 그분의 속도에 맞추어 가다 보니, 계단 하나하나를 조심하며 천천히 오르게 되었다. 당연히 숨도 차지 않았다.

'그래, 조금 느려도 괜찮아!'

무리하지 않고 천천히 계단을 오른 하하 할아버지도, 편안하고 안정적으로 일을 해낸 자신도 모두 만족스러웠다.

이렇게 별것 아닌 것 같아도 어르신들 곁에서 도움을 드리다, 순간순간 내가 더 많은 것을 받고 있다는 생각에 감사할 때가 많다.

나 데리러 올 거지

바람에 모래알이 일 듯 자신도 모르는 사이에 숱한 삶의 기억들은 날아가 버리고, 그 빈 공간에 알 수 없는 두려움들이 찾아와 자리 잡는다.

집으로 돌아갈 시간이 가까워지면 하하 할아버지는 불안해진다. 본인의 집으로 어떻게 가야 하는지를 몰라, 보이는 요양보호사마다 불러 세워 묻곤 한다.

"곧 집으로 가재?"

"여기서 자믄 안 되나?"

"거기, 우리 집은 어딘지 알고 있나?"

몇 차례 계속되는 질문에 같은 횟수의 대답을 정중하게 해 드린다.

"어르신, 아무 걱정 안 하셔도 됩니다. 어르신 댁은 저희들 모두가 알고 있어요. 그리고 여기서는 주무실 수가 없고, 댁에 가 계시면 내일 아침에 모시러 갈게요."

"그려! 다들 알고 있다고? 어딘데, 우리 집이?"

기억들이 조금씩 사라져 갈 즈음 거주지를 옮긴 하하 할아버지는 아직도 예전 살던 집에 기억이 머물러 있다.

하루는 하원 차량 안에서, 며칠 전에 이사를 했는데 본인 집을 제대로 알고 있냐는 물음에,

"언제 이사를 하셨나요? 혹시 이사하신 곳이 중학교 주변 아닌가요?"

"글쎄, 난 잘 모르겠는데... 이사는 했어! 우리 집 알어?"

"네~ 제가 알고 있는 주소지로 모실게요. 절 믿고 한번 가보시죠? 가보고 어르신 댁이 아니면 그때 다시 사무실에 연락해 볼게요. 그럼, 가도 될까요?"

"그려, 선생이 알고 있다니 가보지 뭐."

어제도 들어갔고, 오늘 아침에도 나왔던 집 앞에 차량이 도착하니 그제야 맞다 하며 열쇠로 문을 열고 들어간다. 잘 가라고 인사하는 하하 할아버지의 표정이 무척이나 밝다. 밤사이 더 이상의 기억들이 흔적도 없이 사라져 버리지 않기를 바랄 뿐....

하하 할아버지의 담아 둘 수 없는 기억의 시간 속에서도 신기하리만치 사라지지 않고 머물러 있는 몇 가지가 있다. 그것은 할아버지가 지금 마주하고 있는 절박함에 대한 표현과 어떤 상황에서도 따뜻하게 손을 잡아주는 사람에 대한 기억들이다.

본인의 집이 어딘지도 기억을 못 하면서, 아침만 되면 주간보호센터로 전화 걸어 자신이 있는 곳을 말하고, 언제 데리러 오는지를 묻는다.

"○○ 씨~ 나 데리러 올 거지? 오늘 오는 거 맞재? 몇 시쯤 올 끼고?"

이름까지 또렷이 말하며 통화를 한다는 것은, 하하 할아버지의 머릿속에 남아 있는 유일한 구원의 동아줄 같은 이가 있다는 것이다. 늘 따뜻한 마음과 웃는 얼굴로 할아버지에게 잠시나마 큰 위안이 되어주는 이, 아침이 되면 혼자 외톨이가 된 것 같은 공간에서 벗어나는 유일한 탈출구를 찾도록 도와주는 이, 그렇게 할아버지의 머릿속에 각인되어 그이에게 전화를 하면 오늘 하루를 살아낼 수 있다는 절박함이 묻어나는 실낱같은 기억 줄기인 것이다.

"나, 오늘 센터 가는 날이재?"

"네~ 오시는 날입니다. 아홉 시쯤 모시러 갈게요. 준비하고 기다리세요."

"꼭 오는 거 맞재?"

체구가 크고 걸음이 많이 불편한 하하 할아버지가 마치 엄마를 찾는 어린아이처럼 불안해하며, 그 간절한 음성이 전화기 밖으로 새어 나온다.

모시러 가기 몇 분 전, 전화로 미리 도착 소식을 알려 어르신들의 기다리는 시간을 최대한 줄이고자 하지만, 마음이 급한 분들은, 아니 너무나 간절하고 절박한 분들은 이미 전화를 받기 전부터 약속 장소나 집 앞에 미리 나와 기다리고 있다.

몇 해를 어르신들과 함께 보내면서 그분들의 마음을 너무나 잘 알고 있기에, 특히나 추운 날, 더운 날엔 모시러 가는 길이 무척 멀게만 느껴진다.

하하 할아버지 댁에 도착해 보면, 종종 집 앞 골목 바닥에 털썩 앉아서 기다리고 있을 때가 있다. 그런 날은 더 절실하게 사람의 온기가 그리운 날이다.

,

'특별한' 보살핌이란 어떤 것일까?

좋은 시설과 위생적인 환경에서 보살핌을 받는 것도 중요하지만, 그보다 앞서 외롭고 쓸쓸한 어르신들의 마음을 진정으로 따뜻하게 보듬어 드리고, 그 어떤 상황이 오더라도 인간적인 품위를 유지할 수 있는 돌봄이 되어야 한다.

하하 할아버지도 본인의 상태를 인지하고 있을 때가 있다. 일상적으로 생활할 수 있는 시간이 점점 줄어들고 깜박거리는 기억이 불안으로 다가와도, 진심 어린 손길로 자신을 잡아주는, 그래서 마음속 깊이 훈훈함을 전해주는 이가 누구인지 알고 있다. 그건 눈만 마주쳐도 할아버지 얼굴에 번지는 미소로 충분히 느낄 수가 있다.

그때가 바로, 두 사람 모두 가장 행복한 순간이다.

돌봄 **2장**,

해결책을 찾는 시간과 헌신

- 세상없어도 내 딸이여
- 댄싱퀸 나가신다
- 전생에 덕을 쌓은 게야
- 어제 갔어도 아깝지 않아

치매 환자를 돌보는 것은 매우 개인적이며 복잡한 과정이다. 이는 환자마다 특수한 상황이 발생하기 때문에 그들에게 적합한 관리 방법이 모두 다르다는 것을 의미한다. 따라서 치매 환자 돌봄에는 정답이 없다.

환자의 행동 반응, 그리고 개별적인 요구에 대한 깊은 이해가 선행되어야 하며, 많은 시간과 헌신을 필요로 한다. 이러한 이해를 바탕으로 가장 적합한 해결 방법을 찾아내는 것이 중요하다. 이는 환자의 삶의 질을 향상시키는 데 있어 결정적인 역할을 한다.

세상없어도 내 딸이여

희끗희끗 파마기 전혀 없는 단정한 커트 머리, 굽은 허리에 지팡이를 꼭 쥐고 생활관 안으로 첫발을 들이며 주변을 둘러보는 호호 할머니의 눈빛이 작게 흔들린다. 낯선 공간, 수많은 얼굴들을 낱낱이 살핀다. 기억 속에 남아 있는 원수 같은 이라도 하나 있으면 좋으련만….

호들갑스럽게 인사하며 반기는 요양보호사 손을 잡고 생활관 더 깊숙이 걸음을 옮긴다. 주변이 분주하게 움직이고, 이런저런 말소리가 들려와도 호호 할머니는 혹시나 이 가운데 남은 기억 속의 얼굴이 꼭 있을 것이라는 기대에

찬 눈빛으로 주변 구석구석을 살핀다. 요양사들이 자리를 가득 채운 어르신들 곁을 분주히 오가는 모습에 호호 할머니의 눈길이 따라가다 이내 한곳에서 멈춘다. 그때부터 할머니의 흔들리던 눈빛은 깊고 어두운 동굴 속에서 한 줄기 빛을 발견한 듯 생기가 돋아 그 빛만을 따라 움직인다. 할머니의 머릿속에는 당장 소리쳐 묻고 싶은 하나의 말로만 가득 찼다.

'저 끝에 서성이는 저이는 우리 집 셋째가 분명한데, 니가 왜 여기 있냐?'

시골에서 농사 짓고 살던 호호 할머니. 연로한데다 치매까지 겹쳐 시골집에서 홀로 지낼 수 없게 되자 자녀들 집을 주기적으로 옮겨 다니며, 그야말로 '동가식서가숙(東家食西家宿/동쪽 집에서 밥을 먹고 서쪽 집에서 잠을 청한다)'이었다.

"열 명의 자식이 한 명의 부모 못 모신다."라는 옛말처럼 기억을 점점 잃어가는 호호 할머니는 아무리 사랑하는 자식들의 집이라 할지라도 익숙해질 수 없는 환경에 불안감만 더 커져 갔다. 그래서인지 생활관에 있는 다른 어르신들에 비해 눈빛도, 마음도 쉬이 안정되지 못함을 느꼈다. 그나마 다행스러운 건, 이곳 역시 호호 할머니에게는 익숙하지 않은 또 다른 낯선 공간이었지만, '내 딸'이 눈에 들어오면서부터 조금은 안정되어 주변 분들과 인사도 나누고 본인 소개도 이어갔다. 여전히 시선은 내 딸 아닌 내 딸을 향해 있었지만.

그렇게 분주한 시간이 흐르고 휴게 시간이 되자, 호호 할머니는 진짜 자신의 셋째 딸이 맞는지 확인해 보려 지팡이를 짚고 바삐 걸음을 옮겨 한 요양사를 붙잡았다. 그리곤 유심히 살폈다.

요양사는 놀란 기색 하나 없이, 상냥한 말투로 할머니를 감쌌다.

"어르신, 어찌 그리 바삐 오세요. 그러다 넘어지면 안 돼요. 무얼 도와드려요?"

호호 할머니가 요양사의 손을 잡더니,

"마스크 한번 내려 보소."

"잠깐 내려 얼굴을 보여 드릴 수는 있는데… 어르신, 무엇 때문에 그러세요?"

대답 없는 간절함에 마스크를 내려 얼굴을 보여드리자, 호호 할머니는 한숨을 쉬면서,

"그렇지! 그럴 리가 없지. 댁이 우리 셋째하고 똑 닮아서... 얼굴을 보니 아니네."

"그러셨어요? 그러면... 이곳에선 제가 어르신 셋째 딸 하면 안 될까요? 오늘 처음 오셨는데 딸이 여기 있다 생각하면 그래도 마음이 편안해지잖아요."

"근데, 멀리서 보니까 우짜 그리 세상없이 우리 셋째여, 우리 셋째! 입을 가리고 있으니 키도 얼추 비슷하고 몸도 그렇고, 갸도 머리가 짧은 머리라."

"어르신, 이제부터 딸이 여기 있구나 생각하시고, 불편한 게 있으면 딸에게 말씀하셔요."

호호 할머니, 앉을 자리를 봐드리고 돌아서는 요양사 손을 다시 한번 붙잡아 본다.

"어찌 이리 똑 닮았노. 어이."

생활관에 들어올 때의 불안감은 차츰 사라지고, 잠시라

도 여유 시간이 있으면 호호 할머니는 딸을 찾느라 분주하다. 그러다 마주치기라도 하면 다가가 확인을 하고 손을 잡는다. 하루에도 몇 번이나 같은 상황이 반복된다.

몇 해 전 호호 할머니의 익숙했던 환경에 변화가 생겼다. 자식들은 엄마가 모든 상황을 알고 자신들이 정해둔 합리적인 방법대로 따라 줄 것이라 믿었다.

할머니는 혼자서 불안해하며, 곧 고향 집으로 돌아갈 것이라는 자식들의 거짓말에 아들네 집, 딸네들 집을 옮겨 다니며, 이번 주말에는 남편이 있는 집으로 가야 한다며 이야기를 한다. 남편분은 이미 돌아가셨는데.

호호 할머니에게 변화에 적응할 수 있는 시간이 조금만 더 주어졌더라면….

🍃

치매는 기존의 생활 장소에서 변화 없이 지내는 것이 가장 좋은 방법이고, 필요시에는 충분한 시간을 두고 합리적인 설득과 따뜻한 배려로 심리적인 안정을 꾀할 수 있어야 한다.

　자식에겐 인내하며 기다려 주는 시간도, 부모에게는 야박하다. 아마도 부모의 시간을 앞서 살아볼 수 없어서 그럴 것이다.

　호호 할머니는 시간이 지날수록 주변 환경에 친근해지면서 서서히 딸의 존재가 필요치 않을 정도가 되었다. 매일매일 만나는 사람들과 반갑게 인사 나누고, 반복되는 일상 속 소소한 이야기들을 즐겁게 주고받는다.

댄싱퀸 나가신다

다소 이른 시간에 저녁 식사를 마치면 하원까지 몇 분간의 여유 시간이 생긴다. 그때 즈음이면 노래방 기기가 틀어지고, 스피커를 통해 익숙한 트로트 반주가 가슴을 쿵쿵 울리기 시작한다.

소파에 앉아 TV를 보던 호호 할머니가 자연스럽게 장단에 맞춰 나풀나풀 춤을 추며 홀 중앙으로 나온다. 춤추는 손과 팔의 선이 너무 곱고, 현란한 발 놀림은 보는 이들의 시선을 사로잡는다. 누가 어떤 노래를 부르든 상관없이 흐르는 음악에 몸을 맡기고 나비 같은 춤사위를 선보인다.

그 뒤를 따라 이인자 댄싱퀸이 스텝을 밟으며 중앙으로 합류한다. 두 분이 함께 신나게 춤을 추면서 뒤따른 할머니가 귀에다 무어라 속삭인다. 그러자 듣고 있던 호호 할머니, 고개를 끄덕이며 알겠다는 신호를 주고받는다.

노래가 끝나자, 두 분이 약속이나 한 듯 생활실 입구로 달려간다. 닫혀있는 출입문을 열려고 안간힘을 써보지만 뜻대로 되지 않자, 다짜고짜 손으로 쿵쿵 내리친다.

"문 열어 보소! 우린 집에 갈라요. 안 열어 주면 부수고 갈 거라요."

"그래, ○○야~ 밖도 어두운데 어여 집에 가야지!"

이인자 할머니의 콧소리에 기세가 더 등등해진 댄싱퀸 호호 할머니, 더 크게 외친다.

"어서! 문 안 열고 뭣 하는데!"

모든 상황을 따라다니며 돌보던 요양보호사가 할머니들 앞에 서서 대답한다.

"어르신~ 이제 곧 댁으로 모셔다드릴게요. 차량이 금방 1층에 도착한다고 하네요. 잠깐 화장실들 다녀오시면 바로 준비될 것 같은데... 다녀오시죠, 네~."

"○○야~ 우리 오줌 누고 오자. 차가 곧 온단다."

이인자 할머니의 집에 가자는 한마디에 동의하고 흥분해 분위기를 온통 어수선하게 만들어 놓고는,

"그래, 변소 가자." 하며 두 분이 함께 나란히 화장실로 들어갔다. 한참 후 볼일을 다 보고 나오는 호호 할머니 표정이 한결 밝아져 있다. 그 안에서 많은 것을 해소하고 나온 것 같다.

이런 일련의 과정을 통해 호호 할머니는 아침부터 화장실을 들락날락하면서 생리현상을 해결하고, 몇 년째 계속되는 휴지 모으기로 입고 있는 옷의 주머니를 하나하나 채워서 집으로 돌아간다. 휴지 한 장에 허덕이던 옛 기억 속 아픔을 일을 볼 때마다 화장지를 한 주머니씩 채우는 것으로 해소하는 듯하다.

댁으로 할머니를 모시러 들어간 어느 날, 침대 머리맡에 화장지가 가득 든 대형 비닐봉지가 몇 개나 놓여 있었다.

"어르신, 봉투 안에 뭐가 이렇게 많이 들어 있어요?"

"아... 알 필요 없어!"

얼른 큰 보자기로 덮어버린다. 그 순간엔 알고 있다. 어디서 가져온 것인지를. 하지만 당시에 무슨 생각으로 주머니를 채웠는지는 본인도 알지 못한다. 보자기로 휴지 더미를 덮어버리듯 자신도 함께 그 속으로 숨어버린다. 아무도 모르겠지....

몇 시간 전의 기억과 어제의 기억은 남아 있지 않아도, 치매가 찾아오기 전의 기억들은 꿈뻑꿈뻑 할머니를 혼란스럽게 하고, 현재 놓인 환경에 불안을 느끼게 한다.

여름이 끝나갈 무렵 어느 저녁, 호호 할머니 댁에 도착해 승합차 문을 열었는데, 할머니는 내릴 기색조차 없어 보였다.

"어르신, 댁에 도착했는데 안 내리세요?"

"아니! 우리 집도 아닌데, 어델 데리고 와서 내리라 마라카노!"

몇 차례 설득해도 역정만 내는 호호 할머니, 당신이 기억하는 집이 아닌 것에 불안해져 더 크게 소리친다.

"아~ 제가 잘못 알고 있었나 보네요. 죄송합니다. 조금만 더 가야 할 것 같은데, 괜찮으시죠?"

"길도 똑바로 모리면서 아무 데나 내리라 카고 마. 빨리 갑시다! 우리 집으로!"

어쩔 수 없이 다른 어르신들을 먼저 모셔다드리고, 어두워져서야 다시 호호 할머니 댁 골목길을 돌아 주차장으로 들어서니,

"인자, 우리 집에 다 왔네. 수고했구마!"

한마디 툭 던지곤, 차에서 내려 현관으로 들어갔다. 좀 전의 불안함은 모두 사라져 버렸다. 만약 불안한 호호 할머니를 내 갈 길이 급해 그대로 댁으로 모셨다면, 아마 집 밖으로 다시 나왔을지 모를 일이다. 그 시간, 본인의 집은 그곳이 아니었고, 낯설기만 한 '남의 집'이었기 때문이다.

찬찬히 얘기를 나누며 마음을 들여다보면, 호호 할머니의 엉뚱한 말과 행동에는 다 이유가 있다.

현재 상황과 맞지 않는 말이라 도통 무슨 소린지 모르겠다며 얼버무리거나, 이상한 행동에 불편해하며 무시하지 말아야 한다.

신경을 세워 그들의 이야기에 귀 기울이고 마음을 다해 행동을 받아줄 때, 각자에게 적합한 해결책이 보이기 시작한다.

정답은 없으나 방법은 있다. 시도를 하지 않았을 뿐이다.

전생에 덕을 쌓은 게야

"오랜 세월 한 동네에 살면서 서로의 아들과 딸을 함께 품으며 사돈지간이 된다는 건, 전생에 덕을 많이 쌓아야만 가능한 일이야."

호호 할머니의 지론으로, 본인의 딸도 그렇게 시집을 보냈다.

그렇다면 두 집안의 어르신들이 함께 주간보호센터에서 생활하는 건, 또 얼마의 덕이 더 보태져야 하는 걸까?

처음에는 아들네 두 분의 어르신들이 들어와 각자 다른 층에서 하루를 보내며 무척 만족해했다.

몇 년 전까지만 해도 자립 활동이 가능해서 노인복지관을 다니며 하루를 보냈지만, 청력을 포함한 모든 신체 기능이 일상생활을 하기에 힘겨울 만큼 떨어져 누군가의 도움이 필요하게 되자, 자녀들이 부모의 손을 잡고 주간보호센터를 찾게 되었다. '보호'라는 단어가 내 의지대로 할 수 있는 게 없음을 뜻한다고 여겨서인지, 대부분의 어르신들은 '노(老)치원'이란 명칭을 더 선호한다.

물리적이든 심리적이든 부모의 욕구 중에 자녀들이 바쁜 일정을 뒤로한 채 해결해야 할 정도로 급박한 일들은 많지 않다. 은행 볼 일, 병원 진료, 심부름 등의 소소한 일들을 도와드리면, 자식보다 낫다고 이야기할 때가 많다. 아마도 자녀들에게 말할 수 없는 답답함을 가까이에서 들어주는 이가 곧바로 해소해 주기 때문이리라.

이렇게 부부가 한 센터의 각기 다른 층에서 하루를 보내고 하원할 때 함께 차량에서 만나 집으로 돌아가며 만족스러운 날들을 보내던 어느 날, 다른 센터에 다니던 딸네 안사돈, 호호 할머니가 새로 입소해 바깥사돈과 같은 생활실에서 지내게 되었다. 처음에는 요양보호사들에게 비밀로 해달라고 하여 모두 모른 척하고 지냈으나, 시간이 갈수록 되려 어르신들이 불편해하기에 사돈 관계를 공개하였다.

이후 두 안사돈이 만나면 친구처럼 옆자리에 나란히 앉아 담소도 나누고, 무척 즐겁게 지내는 모습에 뭇 어르신들의 부러움을 사기도 했다. 그때마다 입담 좋은 딸네 안사돈, 호호 할머니가 한 말씀을 꺼낸다.

"보통의 인연으로는 만날 수가 없고, 덕을 많이 쌓아야 한 동네 사돈을 만날 수가 있는데, 노치원에서 또 이렇게 만나니 우린 얼마나 좋은지 몰라요."

주변의 어르신들도 공감을 하며 부러워한다.

그래도 사돈지간이 막역한 친구가 되긴 다소 어려운 관계인지라, 생활실에서도 잠시 스치듯 지나고, 때론 의식 못하고 지나가는 날들도 많다.

약속하진 않았지만, 자연스럽게 서로의 '관계 거리'를 잘 유지하며 지내던 중, 아들네 바깥사돈이 집 화장실에서 넘어져 다리 골절로 깁스를 하게 되었고, 부득이 딸네 안

사돈과 같은 차로 하원을 해야 하는 상황이 되었다. 본래 한 동네에 살고는 있지만, 큰 길을 사이에 두고 있어 서로 다른 등하원 차량을 이용하고 있던 터였다.

아들네 안사돈은 먼저 하원을 하고, 바깥사돈은 저녁 식사를 하고 귀가시켜 달라는 요청이 있어, 공교롭게도 딸네 안사돈과 아들네 바깥사돈이 한 차량에 탑승하게 된 것이다. 서로 예를 갖춰 인사하고, 나란히 앉아 이동하는 모습이 어딘지 모르게 불편해 보여, 한번 물어보았다.

"어르신, 아무래도 좀 불편하시죠?"

두 분에게 따로 물어보았으나, 돌아오는 답은 같았다.

"말도 제대로 못 하고... 불편해. 그래도 뭐, 우야겠노."

그렇다고 해서 사돈 간의 불편한 이야기를 요양사들에게 한 번도 한 적은 없다.

,

인지 상태가 나쁘지 않아 서로 예의를 잘 지키며 즐겁게 생활하는 어르신들을 보면서 또 한 수 배운다.

시간이 제법 흘러 아들네 바깥사돈의 다리가 낫자 다소 불편했던 '사돈 간의 하원'은 끝이 나게 되었다. 하지만 이번엔 씩씩하던 안사돈이 집에서 낙상 사고를 당하여 주간보호센터에 나올 수가 없는 상황이 되고 말았다. 그리하여 이후론 더 이상 아름다운 사돈지간의 모습을 볼 수는 없었다.

기적 같은 일이 일어나 다시 등원할 수 있기를, 그리고 더 깊은 '사돈 자랑'을 이어갈 수 있기를....

어제 갔어도 아깝지 않아

아파트 가로수가 만개한 벚꽃으로 치장한 어느 봄날, 중절모를 멋지게 쓰고 휠체어에 앉아 있는 하하 할아버지와 꽃보다 화려한 스카프를 두르고 서 있는 호호 할머니. 센터 등원 차량의 문이 열리고 요양보호사가 내리자 멋들어진 목소리로 인사를 건넨다.

"요양사 선생, 굿모닝~!"

하하 할아버지의 기분 좋은 아침 인사에 요양사도 답한다.

"어르신! 저도 굿~모닝입니다. 오늘 날씨가 너무 좋은

데요."

인사를 마치고 두 분을 차에 모시고 출발하려는데, 하하 할아버지가 냅다 애창곡을 한 곡조 뽑는다.

"꽃 피는 봄이 오면~ 내 곁으로 온다고 말했지~~."

가사를 유일하게 기억하고 있는 단 하나의 애창곡을 들으며 센터로 들어온다.

두 분이 모두 치매 등급을 받은 것은 아니고, 등급이 나온 하하 할아버지를 댁에서 보살피고 있었는데, 병세가 깊어지자 호호 할머니 혼자서는 감당을 할 수가 없어, 우선 할아버지가 적응하는 동안만이라도 함께 등원하기로 한 것이었다. 두 분 모두 구순이 넘었다.

하하 할아버지는 센터에서 제공하는 프로그램 참여가 어려울 정도이나 호호 할머니는 인지 상태가 좋아서 모든 수업에 적극적으로 동참하고, 주변 어르신들과도 못다 한 이야기를 많이 나누었다. 그동안 집에서 혼자 남편을 돌보아 왔던 할머니는 누구보다 즐겁게 생활을 해나갔다.

몇 주가 지나, 하하 할아버지가 적응을 잘하고 있는 듯

하여 호호 할머니는 집에서 하루 쉬어 보겠다고 했다. 그렇게 할아버지 혼자 등원을 했으나, 반나절도 채 지나지 않아 할머니를 찾으며 불안한 심리 상태를 드러냈다.

어쩔 수 없이 호호 할머니가 다시 함께 오게 되었다. 할아버지의 시선이 닿는 곳에 할머니가 있어야만 안정을 찾았기에 층을 분리할 수도 없었다. 그런 상황에서도 할머니는 나름 대화 상대를 찾아 즐겁게 생활했다. 구순이 넘은 연세에 즐길 소일거리조차 없는 현실에서, 비록 남편 때문에 오게 된 센터지만, 이곳에서의 일과가 그나마 숨통을 트이게 해 준다며 행복해했다.

하원 차량에 나란히 앉아 차창 밖으로 지나치는 풍경을 보면서 이런저런 이야기를 나누고,

"우리가 요새 멋진 드라이브를 매일 하네. 언제 이렇게 변했는지 도심이 느~무 마이 변했구먼."

"여기가 예전에 ○○이랑 왔던 거기 아인교? 아~!"

조금 돌아서 가는 길이어도 한 번도 싫은 내색 안 하고,

"우째 하나같이 구석구석 지리도 잘 아는지, 우리 선생

들 머리가 비상해!"

작은 칭찬이라도 하나 더 얹고는, 댁까지 모셔다드리는 당연한 서비스에 감사해 하며, 돌아가는 요양사들에게 간식까지 챙겨준다. 한 번도 빠뜨린 적이 없다. 음료수, 삶은 달걀, 비스킷, 사탕... 손수건에 곱게 싸서 손에 꼭 쥐여 준다. 부모 같은 마음으로 요양사들을 다독여 주는 따뜻한 손길을 거부할 수가 없다.

구순이 넘은 호호 할머니가 하하 할아버지를 보살피는 것은 상당히 힘든 일이지만, 얼마의 시간이 두 분에게 허락되어 있는지 알 수 없기에 하루 하루가 선물처럼 생각되어 감사한 날들이 지나가고 있었다.

그러던 중, 하하 할아버지의 병세가 악화되어 요양병원에 입원하게 되었고, 호호 할머니도 그 곁을 지키며 '남편의 편안한 마지막'을 위해 최선을 다했다.

끝내 하하 할아버지는 영면에 들고, 한 달여가 지났다. 호호 할머니는 집에만 있으니 이런저런 생각에 머리만 아프고, 말벗도 없어 무료하다며 센터로 다시 나오게 되었다. 이젠 할아버지 없이 홀로.

"어르신, 혼자 나오시니 허전하시죠?"

"그런 소리 말어. 홀가분~ 하니 너무 좋다. 좋아! 병원서 이놈의 영감이 마지막에 같이 가자고 해서 혼났구만."

긴 시간 최선을 다해 보살피고 편안히 남편을 떠나보낸 호호 할머니의 진심 섞인 농담이다.

연세가 구십에 이른 어르신들의 한결같은 바람은 하루라도 빨리 생을 마감하는 일이다. 결코 반어가 아니다. 지금의 상태만 잘 유지하고 있다가 자는 잠에 고이 떠날 수 있기를 이야기한다.

이곳에서의 '죽음'은 그리 무거운 이야기가 아니라, 오늘 아니면 내일의 또 다른 일상처럼 이야기하고 농담처럼 주고받는 주제이다. 그러나 '어제 갔어도 아깝지 않은 나이'라고들 이야기하지만, 정성을 다해 식사하는 모습과 그림 한 장에 혼신의 힘을 실어 완성해 나가는 모습을 지켜보노라면, '언제 가도 아까운 나이'인 것만 같다.

본인의 말처럼 홀가분해진 호호 할머니는 또 다른 결단

을 내렸다.

'살던 집으로부터의 독립!' 구순이 넘어.

혼자 지내는 딸과 함께 '반쪽 독립'을 하긴 했지만, 너무나 현명한 호호 할머니의 결정에 박수를 보냈다.

큰 집은 그간 수고한 아들 내외 몫으로 두고, 원룸을 얻어서 간소한 살림만 준비해 주간보호센터 근처로 이사를 했다. 왔던 곳으로 돌아가는 그날까지 편안하게 노치원을 다니겠다는 어르신의 마지막 의지를 자녀들이 지켜드리고자 함이다.

"저도 어르신처럼 나이 들고 싶어요. 존경합니다!"

,

어르신들을 보살펴 드리면서 인생의 선행학습을 제대로 하고 있다는 생각을 하면, 하루하루 그들과 함께하는 시간들이 너무나 소중하고 감사하며, 존경의 마음까지 절로 생긴다.

보호센터라고 해서 온종일 긴박한 돌봄을 요하는 치매

어르신들만 있는 건 아니다. 하루를 두고 보면, 일반인과 같은 인지 상태로 지내는 시간이 훨씬 많고, 또 정상 인지력을 가진 어르신들도 있다. 그 모든 분들이 인생의 큰 선생님이 되어준다.

어느 날 호호 할머니, 막내가 환갑이라 가족들과 식사를 한다며,

"안 죽고 오래 살다 보니 막내 환갑잔치를 다 보네. 에효...."

기쁨은 감추고 한숨만 지으셨다.

"어르신, 너무 좋은 일 아닙니까?"

"어데! 느무 오래 살아가 부끄럽다, 고마."

말씀과는 달리, 입가에 번진 그 미소를 잊을 수가 없다.

돌봄 3장

불편함을 덜어주는 관찰과 소통

- 오래 살아서 뭐 할라꼬
- 난 오늘도 걸어야 해
- 서방님 오시기 전에 집에 가야 해
- 이 정도는 돼야 멋쟁이지
- 내 이야기엔 도돌이표가 있어

치매 환자들의 곤란한 행동의 이유를 찾는 것은 매우 중요하다. 우선, 그들이 어떤 행동을 하는지 깊이 들여다보고 탐색하는 시간이 필요하다. 행동 속에는 반드시 그들의 불편함과 욕구가 담겨 있기 때문이다. 또한, 환자와의 충분한 소통을 통해 그들의 감정 상태를 정확히 파악해야 한다.

이렇게 말과 행동 반응을 유심히 관찰하여 욕구를 해소하는 방법을 찾는 것은, 내가 주고 싶은 도움이 아니라, 환자가 받고 싶어 하는 도움을 찾아주는 방향으로 이루어져야 한다. 이것은 환자의 생활과 삶의 질을 높여주는 시작이 된다.

오래 살아서 뭐 할라꼬

구순이 넘은 호호 할머니는 자그마한 체구에 단단한 몸, 꼿꼿한 허리를 유지하고 있다. 작은 보폭으로 생활실에 들어서며 주위를 매섭게 한번 둘러본다.

손을 잡아 도움을 드리고자 하면, 냅다 뿌리치며 큰소리로 한 마디 던진다.

"됐니더! 내 혼자 갈 수 있니더. 고만!"

귀가 안 들리니 목소리가 생활실을 쩌렁 울린다.

도움을 마다하고 화장실에 다녀온 호호 할머니, 머릿속에 미리 정해둔 자리에 앉아 주변을 관찰하기 시작한다.

죽으로 아침 식사를 대신하고 있는 어르신들을 보면,

"도대체 아침밥도 안 먹고 이 시간까지 뭣들 하고 오는 건지! 쯧!"

한심하다는 듯 혀를 끌끌 찬다.

생활실 소파에서 잠시 졸고 있는 어르신을 보면,

"밤에 잠 안 자고 뭐 하다가 여기 와서 자빠져 자고 있노!"

역정 섞인 고함을 친다.

아마도 공동생활공간에서 지켜야 하는 기본적인 예의라 여기는 호호 할머니의 곧은 신념 같은 것이리라.

어느 날 새로 등원한 건강한 하하 할아버지가 생활실을 크게 돌며 운동을 시작했다. 한 바퀴는 편안히 돌았으나, 두 바퀴째부터는 호호 할머니의 눈길이 할아버지를 향하기 시작했고, 그다음 바퀴를 도는 순간부터는 눈에서 서슬 퍼런 레이저 광선이 뿜어져 나왔다. 그런 줄도 모르고 할아버지는 마냥 혼자만의 운동을 즐기고 있었다.

잠시 후 생활실 전체에 울려 퍼지는 호호 할머니의 세찬

목소리,

"다 늙어가 운동은 뭐 할라꼬 하는데! 다들 앉아 있는 앞에서 얼쩡 거리지 말고 그만하소, 고마!"

호호 할머니는 청력이 약해 보청기를 하고 있어 더 크게 고함을 쳤고, 모두의 시선이 한곳으로 쏠렸다. 하하 할아버지도 잠깐 어리둥절해 했으나, 운동을 멈출 생각은 전혀 없었다.

'설마, 내 보고 그라는 건 아니것재.'

그래도 뭔가 이상함을 감지한 할아버지가 할머니 쪽으로 고개를 돌리자 뜨거운 시선이 쏟아졌다.

'내가 왜? 뭐?'라는 의미의 손짓을 보내며, 하하 할아버지는 계속 돌고, 돌고, 도는 운동을 이어갔다.

그 모습에 더 화가 난 호호 할머니, 한층 목소리를 높여,

"와 계속 운동하노! 그만하라 카는데. 다 늙어가 얼마나 더 살라꼬!"

호호 할머니가 소리칠 때부터 요양보호사들이 옆에 가서 말려봐도 소용이 없다.

당신이 하고픈 말씀을 다 해야 하고, 하하 할아버지가 운동을 중단해야만 끝이 난다.

할아버지는 이런 상황이 처음인데다 주간보호센터 생활도 아직 익숙치 않은 탓에 큰 문제 없이 마무리되는 듯했으나, 그 후로 몇 번은 할아버지도 흥분하는 일이 발생, 두 분을 분리해서 안정을 찾게 해야 했다.

호호 할머니의 '운동 기피'는 자식을 먼저 떠나보내고 하루하루를 힘겹게 살아온 그간의 심정에서, 생이 끝나는 날까지 살기 위해 더 무언가를 해서는 안 된다는 생각이 머릿속을 채우고 있는 것 같다.

다들 찾는 물리치료실 이용도 요양사들이 몇 번을 권해야 한 번 할까 말까, 식사도 고기반찬을 마다하고 극히 소식하며, 간식으로 받아 주머니 속에 넣어둔 사탕 몇 개도 요양사들 손에 쥐여준다.

귀가 어두워 잘 듣지 못하니 대화가 순조롭지 못하고, 다른 어르신들과도 교감도 쉽지 않다. 하지만 호호 할머니의 굽은 새끼손가락을 잡으며 언제 다쳤는지를 물어보면, 어릴 적 있었던 사건을 항상 똑같이 토시 하나 틀리지 않고 이야기해 준다. 매일 물어보아도 항상 똑같은 어조와 감정으로 이야기한다. 그러다 아들 이야기로 번지기라도 하면, 눈물을 보이고 당신이 죄인이라며 가슴 아픈 사연을 풀어놓기도 한다. 이런저런 얘길 나누다가도 누군가 운동을 시작하면, 곧바로 따가운 시선이 그쪽을 향한다.

하루는 두어 분의 어르신들이 호호 할머니의 눈치를 살핀 후, 조심스럽게 운동을 시작하였다. 마침 식후라 할머니는 몰려드는 졸음에 눈을 감고 있었고, 어르신들은 여느 때와 달리 편안히 운동을 할 수가 있었다.

그렇게 한동안 운동을 하려는 자와 멈추게 하려는 자 사이의 신경전은 계속되었다.

,

무엇을 불편해하고 어떤 것에 불안해하는지를 찾아서 사태가 커지기 전에 미리 조치를 하고, 만약 서로 흥분이 고조된 상태라면 장소를 분리한 후, 안정될 수 있는 시간을 가져야 한다. 이후 존중하는 자세로 차분하게 어르신들을 이해시켜야 한다.

　호호 할머니도 처음부터 배려하지 않고 소리만 치는 분은 아니었다. 시간이 흐르면서 몸과 마음의 아픔이 깊어져 본인의 욕구에 부합하는 소리만을 듣고 반응한다. 어쩌면 그것이 상대방보단 불안한 자신을 먼저 보호하기 위한 자연스러운 표현일 것이다.

　오랜 시간을 함께 보내지 않아도 마음을 다해 다가가 손을 잡아 보면, 어르신들이 어떤 욕구를 가졌는지, 또 불안해하는 것은 무엇인지 알 수가 있다.

　어르신 개개인의 오랜 삶의 신념들이 아프고 힘이 없다고 존중받지 못할 것이 아님을 마음 깊이 새겨 그분들 곁으로 다가설 때, 비로소 불편, 불안은 사라지고 평온한 일상을 또 맞이할 수 있을 것이다.

난 오늘도 걸어야 해

고학력, 좋은 직업과 배경도 병 앞에선 폼 한번 잡아보지 못하고 와르르 무너져 버린다.

훤칠한 키에 잘생긴 외모로 젊은 시절 뭇 여성들의 가슴 꽤나 설레게 했을 법한 하하 할아버지가 구부정한 자세로 불안한 걸음을 내딛는다. '파킨슨병'이란다.

금방이라도 앞으로 쓰러질 듯 걸어 들어오는 하하 할아버지를 부축하며 반갑게 인사를 드리면, 굵다란 저음 목소리를 타고 조합 안된 단어들로 본인만의 문장을 완성해 답을 한다.

처음 등원하던 날, 화장실을 가겠다는 의사 표현이 그와는 전혀 무관한 단어들로 쏟아져 나와, 결국 손이 가리키는 방향이 뜻한 목적지임을 알게 된 적도 있다.

하하 할아버지가 자리에서 일어난다. 걸음을 옮기자마자 휘청거리며 넘어질 것만 같은 모습에 보는 이가 더 불안하다. 주변의 요양보호사들이 곧장 뛰어가 할아버지를 부축한다.

"어르신, 어딜 가시게요? 제가 도와드리겠습니다."

도움의 손길과 말에 대답은 하지만, 일반적인 문장 조합이 아니다.

신입 요양사들은 하하 할아버지의 요구 사항을 파악하기 위해 계속 같은 질문만 반복하고, 할아버지는 자신의 말 뜻을 이해하지 못하는 요양사에게 불만스러운 표정을 지으며 조금씩 언성이 높아진다. 결국 알아차린 건 할아버지의 손이 가리키는 곳, 그리고 어설픈 말 속에서 어렵사리 찾아낸 몇 글자의 조합,

"화. 장. 실."

처음부터 하하 할아버지의 욕구를 파악하기란 쉽지 않았으나, 시간이 지나면서 할아버지의 통 알아들을 수 없을 것 같던 문장들도 느낌과 통찰로 눈치챌 수 있게 되었다.

시간이 지나 하하 할아버지의 욕구가 빠르게 전달되고 만족스러운 결과를 얻게 되자, 환하게 미소 지으며 감사의 표현까지 잊지 않았다.

마음이 편해진 할아버지는 본인보다 나이가 많은 어르신들에게 깍듯하게 예를 갖추기도 하고, 또 여러 활동 시간에 벌칙으로 분위기를 살리기 위해 춤추기를 권하면, 흔쾌히 불안한 춤사위로 모두를 흥겹게 해준다. 그야말로 주간보호센터의 젠틀맨이다.

무더위가 시작되던 유월의 어느 날, 등원 차량을 타는 장소에 하하 할아버지가 보이지 않았다. 주변을 아무리 찾아봐도 행방을 알 수 없어 연락한 후, 부득이 다음 어르신을 모시러 이동했는데, 다행히 근처에서 하하 할아버지를 찾아 함께 센터로 들어왔다. 차로는 몇 분 되지 않는 거리지만, 할아버지의 흔들리는 다리로 얼마나 오래 걸었을까?

또 온몸이 땀에 흠뻑 젖을 정도로 걸으면서 대체 무슨 생각을 했을까?

하하 할아버지는 갑자기 떠오른 자신의 과거 경험을 바탕으로, 등원하는 바로 그 시점에 꼭 걸어야만 회복할 수 있겠다는 생각을 하게 되었고, 그날부터 행동으로 옮겼던 것이다.

그 후로도 할아버지의 '굳센' 일탈은 계속되었다. 점점 더 먼 곳에서 할아버지를 찾아 모셔야 했고, 보호자와 요양사들의 애간장을 태웠다.

한 번은 다른 코스의 차량이 횡단보도 나무 그늘에서 쉬고 있는 하하 할아버지를 발견하고는 차를 돌려 왔는데, 그 짧은 시간에 할아버지가 자리를 떠나 센터 쪽을 향해 걸어가고 있더란다. 등원 차량의 동선을 알고 있을 만큼 인지 상태는 좋았으니, 웃어야 할지 울어야 할지....

걷고 또 걷는 날들이 계속되면서 하하 할아버지의 보행 상태는 조금 안정되는 듯 보였지만, 할아버지의 일탈을 저지하는데 모든 에너지를 써버린 보호자의 심리 상태는 되려 불안정해졌다.

하하 할아버지의 '걷기 욕구'는 충분히 파악됐지만, 센터에서 도울 수 있는 한계를 벗어났다. 사고 위험도가 너무 높아졌고, 무엇보다 보호자가 점점 지쳐가고 있는 상태였기에, 할아버지의 걷기는 강제 종료될 수밖에 없었다.

,

신체의 어느 한 부분이라도 기능을 제대로 하지 못하게 되고, 말까지 어눌해져 상대방과의 소통이 단절되어 버리면, 과연 어떤 생각과 행동을 하게 될까?

하하 할아버지처럼 스스로 해결 방법을 찾기 위해 내재된 지식을 총동원할 수도 있다. 아무것도 하지 않는 안정보다 무엇이라도 해보려는 도전엔 늘 불안감이 도사리고 있긴 하지만, 내일을 기대해 보는 실낱같은 희망의 빛이 아닐까 싶기도 하다.

하하 할아버지에게 모두가 불안해하는 중에도 걷기를 멈추지 않았던 이유에 대해 자세히 물어보진 못했다. 긴 시간을 대화로 소통하기가 힘들기 때문이다.

  하지만 땀과 피로에 온몸을 가누기 힘들 정도가 돼서야 센터로 들어와, 툇마루에서 잠시 눈을 붙이고 난 뒤의 하하 할아버지의 안색과 표정을 보면 충분히 느껴진다.

  '난 해냈고, 내일도 또 할 수 있고, 점점 더 좋아지고 있어. 분명히!'

서방님 오시기 전에 집에 가야 해

꽃다운 중년 시절, 호호 할머니의 기억은 아직도 그때 그곳에 살고 있다.

키도 크고 젊은 날 운동을 열심히 해 다부진 체격의 호호 할머니, 오전부터 화장실을 수도 없이 오간다. 아마도 환경이 바뀌니 불안한 마음에 몸이 먼저 반응하는 것 같다.

점심 식사 후부턴 별말씀 없이 출입문 앞만 서성인다.

"어르신, 왜 문 앞에 서 계세요? 힘드실 텐데 자리에 편히 앉으시지요."

"아니여~ 괜찮어. 내가 뭔 일을 했는가, 힘들 게. 근데 내가 말이여... 지금 쯤 가야 하는데."

"어디를요?"

"우리 집에 서방님 퇴근하시기 전에 가 봐야 혀."

벌써 수십 년 전에 하늘로 떠난 남편이 퇴근해서 곧 돌아올 걱정을 하고 있다.

주위의 다른 어르신들과 잘 지내다가도 슬며시 일어나 나오면, 어딜 가느냐 물어보는 어르신들에게,

"집에 저녁밥 하러 가야재! 다들 밥하러 안 가나?"

남들 걱정까지 해주며 입구를 향해 걸음을 옮긴다.

호호 할머니에게 지금 이곳은 잠깐 마실 나온 이웃집인 것이다.

"아~ 그러시군요. 저희가 바깥 분 퇴근하시기 전에 어르신을 댁으로 모셔다드리면 될까요?"

"에고고~ 뭘 데려다주노! 집이 코앞인데. 혼자 가도 되는구마는."

"마침 어르신 댁 근처에 제가 볼일이 있어서 모셔다드

리려고요. 잠시만 기다려 주세요. 지금 같이 타고 갈 차가 오고 있으니 잠깐만요~."

"아니, 아니, 그럴 필요 없다니께. 내가 알아서 가믄 되재, 뭣 할라꼬. 내가 고마 귀찮게 하네. 우짜노."

"어르신~ 집이 가까우니까 제가 일보러 갈 때 손잡고 횡단보도도 건네 드리고 하면, 안전하고 즐겁게 갈 수 있잖아요. 잠시만 더 기다려 주시면 안 될까요?"

반복되는 상황에 여러 가지 이유를 들어가며 마음을 안정시켜 드리려 한다. 그 마음을 아셨는지,

"아이고, 미안해서 우짜노. 바쁜 사람들을...."

살며시 내민 손을 잡고 안으로 따라와 준다. 그 후로도 몇 차례 더 같은 상황이 반복되고 나서야 하원 시간이 된다. 차량이 집 근처의 익숙한 골목길에 들어서면 안도의 한숨을 내쉬고 차 안에 남은 어르신들에게 손을 흔들며 인사한다.

"잘들 가이소!"

남은 길은 혼자 갈 수 있다며 어서 가라고 손을 휘두르

는 호호 할머니의 겨드랑이에 얼른 팔짱을 끼곤,

"어르신, 저랑 조금만 더 데이트하시면 안 될까요? 제가 서운해서 집 앞까지만 함께 가고 싶어요."

무사히 대문 안으로 호호 할머니를 모셔다드리고 돌아 나오면, 다시 대문을 열고 잘 가라며 손을 흔들고 서 있다.

"내일 또 모시러 올게요!"

어느 날, 하원한 호호 할머니를 퇴근길에 다시 만나 인사를 드렸으나 누군지 알아보지 못했다.

"어르신~ 누구 기다리세요?"

"아들!"

그리고 나서 골목 안으로 이내 들어가 버린다. 집에 들어가면 안정이 되어 현재 상황에 대한 인지가 되는 것 같다. 그나마 골목을 벗어나지 않는 것이 다행이다.

호호 할머니가 목욕 서비스를 받는 날에는 너무 미안하고 고맙다는 말만 반복하며, 주머니를 뒤적거려 꼬깃꼬깃 천 원짜리 몇 장을 기어이 손에 꼭 쥐여준다.

"얼마 안 되는데... 고맙고 미안혀서."

"어르신 마음은 저희도 너무 잘 아는데, 오늘만 그냥 가시고, 다음번에 받을게요~."

"어허이! 그래도 미안해서 우짜노. 느무 적어서 그러나?"

유독 섭섭해하며 화까지 내려고 하는 날엔 공손하게 받아두었다가 어르신이 벗어둔 외투에 살짝 다시 넣어 둔다. 상황이 바뀌면 이내 기억의 흔적도 남지 않으니….

,

수십 년을 살아온 내 집과 우리 동네는 너무 익숙하여 의지대로 이동이 가능한 어르신들이, 어느 한순간 기억의 연결 고리가 끊어져 버리면 힘겹게 유지하고 있던 일상마저 무너지고 만다.

보호자가 하루 종일 돌봄을 할 수 없을 때는 반드시 위치 추적 장치가 필요하다. 그럼에도 '설마' 하는 생각에 실종 신고까지 이어지는 경우가 잦다. 어르신과 보호자 모두에게 꼭 필요한 것을 준비, 실행하는 지혜가 요구된다.

이 정도는 돼야 멋쟁이지

　자개 화장대 앞에 앉아서 빈 통인 것 같은 파운데이션 통을 굽은 손가락으로 몇 바퀴 휘저어 얼굴에 토닥토닥 곱게 펴 바르고, 서랍을 열어 이리저리 살펴보고 립스틱 하나를 찾아서 입술도 생기 있게, 다음은 빗이 내려가지 않을 정도로 퍽퍽한 부분가발에 빗질을 해서 머리 중앙에 고정하고 나서야 자리에서 일어난다. 구순이 된 호호 할머니의 아침 등원 준비의 시작이다.
　다음으로 아침 요깃거리나 간식 챙기기. 누가 얼마동안 기다리고 있는지엔 별 관심이 없다. 냄비에 삶아둔 달걀

두 어 개, 전날 사둔 찐 옥수수 몇 개를 비닐봉지에 담아두고, 차량이 오기 전에 가능하다 싶으면 라면도 끓여 먹고, 어느 날은 여유 있게 커피까지 한잔하며 기다리고 있을 때도 있다. 하지만 그런 여유 있는 날은 드물다.

"어르신~ 이제 그만 내려가시죠. 차 안에 계시는 어르신들 너무 오래 기다리게 하면 안 돼요."

요양보호사의 재촉에도 아랑곳하지 않고 가방에 간식을 챙기며, 믹스커피 한두 개는 따로 내어 요양사에게 나중에 먹으라며 건네준다. 괜찮다는 거절은 통하지 않는다. 그저 감사하며 받아야 휙 집어던지는 일을 막을 수 있다.

"내... 아침을 아직 못 묵었는데."

"어르신, 지금 센터에 가시면 맛있는 죽이 나오니까 그거 드시면 아침이 되실 거예요."

고개를 끄덕이곤 다시 문간방으로 들어가 두유 몇 개를 가방에 넣고, 한 개는 요양사 몫으로 내민다. 역시 일단은 감사히 받아야 한다. 가방 한가득 간식을 채우고 나서야 비로소 신발을 신는다. 굽이 제법 높은 통굽 단화다.

불편함을 덜어주는 관찰과 소통

멋쟁이 호호 할머니가 현관문을 나서면, 순식간에 가득하던 간식 가방은 텅 비워지고, 믹스커피 몇 개만 달랑 남게 된다. 센터 규정 상 간식을 가지고 갈 수 없다. 어르신들과 나눠 먹다 혹여 잘못될 경우나 센터에서 제공되는 식사를 제때 못 할 수도 있어 가급적 반입을 막고 있다. 첫 등원 때부터 수차례 간식은 안 된다고 얘길 했으나, 제대로 이해를 못 하곤 들고 간 간식들을 주변 분들과 나누거나 혼자 먹고, 끝내 식사를 못하게 되는 경우가 있었다. 그것마저도 코로나19 이후로는 더더욱 불가능해졌다. 다행인지 불행인지, 할머니의 기억이 오래 가지 못해 차를 타고 가는 동안 가방 속 간식에 대해선 까맣게 잊는다.

생활실로 들어가면 먼저, 화장실로 모셔야 한다. 화장이며 가발은 스스로 지켜낼 수 있을지언정, 어쩔 수 없이 의지로도 막을 수 없는 대소변 실수의 유무는 꼭 확인해야 한다. 그것이 주변 분들에 대한 배려이고, 멋쟁이 호호 할머니의 마지막 자존심을 지켜드리는 일이기 때문이다.

많은 대화를 하지 않아도 매너 있는 할아버지를 알아보

는 안목은 삶의 연륜에서 나오는 것인지… '매너 짱' 할아버지 옆자리가 비면 얼른 가방으로 자리를 잡아 두고 슬그머니 앉아 대화를 시작한다. 서로 미소도 짓고, 가끔은 손도 잡고, 그러다 혹 가방에 간식이라도 있으면 아낌없이 내어준다. 아마도 젊은 날 인정 많은 멋쟁이 여장부였음에 틀림이 없다. 믹스커피를 하나 내어주고 커피 한 잔을 부탁할 때 팁으로 커피 하나를 더 요양사에게 건네준다. 항상 고마움을 자기 먹거리를 나누어 주는 것으로 대신한다.

점심 식사 후에는 항상 자신이 정해둔 자리에서 낮잠을 자고, 일어나면 삐뚤어진 정수리 부분가발부터 정리해서 고정시킨다. 하루는 뒤로 넘어간 가발을 모르고 앉아 있다가, 요양사가 알려주자 본인도 멋쩍은 듯 웃으며 핀으로 고정하고 머리를 토닥여 멋을 지켜내기도 했다.

멋 내기만큼 말수가 많진 않아, 하루를 함께하는 동안 고작 몇 마디 정도 하는 날이 다반사다. 그렇다고 계획된 수업 시간을 거부하거나 싫어하진 않는다. 모든 활동에 느리지만 차분하게 잘 적응하여 해나가고 있다.

어르신마다 켜켜이 쌓여온 그들만의 생활 방식들이 있다. 여럿이 함께하는 공간에서 안전을 위한 구속이 많이 어색하고 두렵기도 하겠지만, 오히려 잘 적응하려 애쓰는 현명함을 보일 때가 많다. 그렇게 시간이 지나면서 서서히 편안함을 느끼는 모습을 보면 정말 감사한 마음이 크다.

호호 할머니 또한, 등원 차량에 오르는 것도, 매일 이른 아침 모닝콜도, 간식을 제대로 먹지 못하는 것도, 종일 이리저리 옮겨 다니는 것도 모두 힘들어했지만, 시간이 갈수록 자신을 누군가가 도와주고 있고, 주변에 말동무가 있음에 감사하고 있다는 것을 표정과 몸짓을 통해 알 수가 있었다.

하원 시, 집에 도착하면 식탁에 있는 무어라도 집어 주면서 가져가라 한다. 휙 집어던지기 전에 날쌔게 받고는,

"고맙습니다!"

큰소리로 인사를 한다. 만약 두유 팩이라도 던지는 날엔… 더 큰 낭패를 보기 전에.

내 이야기엔 도돌이표가 있어

　우리의 일상은 매일 반복되는 패턴을 따르는 경우가 많다. 일반인의 경우, 이러한 반복 시간 속에서도 무수히 많은 일들과 생각, 대화와 기억들이 복합적으로 끼어들어 있어 상황에 맞는 행동 변화를 갖는다. 그러나 치매 어르신들의 경우는 다르다. 몇 분이나 몇 시간 주기로 같은 내용의 대화가 반복되곤 한다. 이는 마치 녹음기의 구간 반복 기능처럼 작동된다.

　주간보호센터에는 유독 말솜씨가 탁월한 몇 분의 호호 할머니, 하하 할아버지가 있다. 등하원 차 안에서 이야기를 한번 시작하면 끝이 없다. 다른 변수가 생길 때까지 무한 구간 반복을 한다. 신기한 건 돌림 노래처럼 같은 부분을 계속 돌아가며 이야기해도 지치는 법이 없다는 것이다.

오랜만에 유쾌하고 이야기 잘 하는 호호 할머니와 함께 차량에 타게 되었다. 할머니는 차에 오르자마자 이내 청춘을 돌려 달라는 노래를 한 곡 신나게 뽑았다. 음은 정확하지 않아도 가사만큼은 토씨 하나 틀리지 않았다.

"어르신, 오랜만에 제가 모시고 등원하는데, 아직도 청춘을 못 돌려받으셨어요?"

"그래! 새댁이가 어데 한번 돌려줘 볼래?"

"어이구! 저는 새댁이 아니고 헌댁이라, 어찌 돌려드려야 하나... 그런데 어르신은 청춘을 돌려받으면 뭐 하시려고요?"

"돌려만 주마 시집 한 번 더 갈라꼬!"

"아! 어르신~ 시집가셔서 재밌게 사셨나 봐요? 다시 돌아가고 싶어 하시니...."

"그기 아니라! 내 얘기 함 들어보소."

이제 호호 할머니의 드라마보다 더 드라마 같은 이야기가 시작된다.

건강이 좋지 않은 할아버지를 대신해 생활력 있는 할머니가 바깥일을 하며 남편과 아이들을 보살폈다. 그 당시 한 집에서 여러 가구가 함께 살았는데, 몸도 아픈 남편이 옆방 과부와 바람이 나고 말았다. 그 후, 과부는 다른 곳으로 이사를 갔는데, 남편이란 작자가 이사 간 과부를 하도 그리워해 어쩔 수 없이 차비까지 줘서 과부 집으로 보내주며 극진하게 모셨다는 이야기다.

처음 들어보는 기가 찬 소설 같은 이야기에 차 안 모두가 감정이 이입되어 탄식과 감탄을 연발했다. 호호 할머니의 부처 같은 마음에 한 어르신은 대단하다며 박수까지 치기도 했다. 그러던 중, 차량이 다음 장소로 이동해 다른 어르신을 모셔오니, 호호 할머니의 스토리가 다시 전개되어 옆방 과부가 이사한 구간을 지나고 있었다. 할머니는 그때를 떠올리며 좀 전과 똑같이 상기된 표정과 어조를 유지하고 있었다.

이야기를 경청하는 어르신들도 호호 할머니의 입담에 여전히 호응을 하고, 추임새를 넣어 가며 장단을 맞췄다. 그러다 다시 이야기가 도돌이 구간에 다다르고, 센터에 도착하기 전에 결말을 들을 수 없을 것 같자, 얼른 방향을 틀어 다음으로 넘겼다.

"어르신~ 어르신!"

이야기에 몰입되어 부르는 소리도 못 듣는 호호 할머니를 다시 불러 어렵사리 브레이크를 걸며,

"자, 여기서 어르신~ '청춘을 돌려다오' 노래 한 곡 듣고 쉬어 가시죠. 새로 오신 손님도 계신데 어떠세요?"

"그래? 그라지, 뭐. 내가 한 곡조 뽑아보께. 그기 뭐 어렵나."

곧바로 호호 할머니의 구성진 노래가 시작되고, 우리는 어렵사리 무한 반복 구간의 터널을 빠져나왔다.

이야기를 하는 이도, 듣고 있는 차 안의 어르신들도, 신기할 만큼 스토리에 반복 구간이 있는지를 알아채지 못하고 그저 몰입해서 말하고 듣다, 어느 지점에만 오면 똑같

은 감탄이 터져 나오곤 했다.

노래 역시 도돌이표가 붙어 계속 구간 반복 재생될 수 있기에 끝나갈 즈음 바짝 긴장하고 있다가, 다시 호호 할머니를 불러서 궁금한 소설 같은 이야기의 마지막을 들었다.

마지막은 호호 할머니의 완벽한 승리다. 집을 나갈 뻔한 할아버지가 고개를 숙이고 돌아왔다는 해피 엔딩을 들으며,

"어르신! 도대체 어떻게 바람난 남편분을 용서해 주실 수 있으셨어요?"

"에효, 불쌍하잖아~."

"아니! 불쌍한 건 어르신이지, 남편분이 뭐가 그렇게 불쌍해요?"

"몸도 아픈 사람이 마음까지 아파서 풀 죽어 있는 모습이 불쌍시러버서 과부 집에 보내는 줬지마는, 돈은 모조리 내가 다 가지고 있었재."

"아~! 어르신, 이미 계획이 다 있었네요. 대단하세요."

,

　이야기는 여기서 끝이 난다. 가만히 생각해 보면, 아마도 호호 할머니가 살아온 지난 세월의 상흔들이 쌓이고 쌓여 화석처럼 굳어버린 답답한 속내가 도돌이표 찍힌 노래가 되어 매일 구간 반복을 하고 있는 것 같다.

　오늘도 들을 준비를 한다. 무한 반복을 하더라도 항상 처음 듣는 이야기처럼 할머니의 호흡에 맞춰가며 호응하고 묻고, 또 호응하고 묻고 그런다.

　할머니가 가슴에 쌓여 있는 아픔을 조금이나마 내려놓을 수만 있다면....

돌봄 **4장**

삶에 대한 존중과 배려

- 인자 쫌 그만 하소
- 적응력 하나는 갑이여
- 할 일이 태산이라 못 가
- 나도 영감만큼 늙었소

치매를 앓고 있는 분들이 일반 환자로 분류되는 경향이 있지만, 그들의 특수한 상태, 불안하거나 과격해지는 행동과 말을 단순하게 해석하고 판단하는 것은 바람직하지 않다.

그들은 무수히 많은 경험과 그에 따른 숱한 감정의 고리들을 가지고 있다. 이들의 말과 행동은 병적인 '돌발'이라기보단 자신의 내면세계를 드러내는 것일 수 있으므로, 단순히 치매 환자라는 틀에 가두어 이해하려 드는 것은 되려 그들을 제대로 보기를 거부하는 것이나 다름없다.

따라서 이해와 배려의 자세로 더 많은 노력을 기울여야 한다. 그들의 말과 행동 뒤에 숨겨진 내면의 감정과 생각, 경험과 과정을 이해하고 존중하려는 노력이 필요하다. 이런 시간을 통해 우리는 치매 환자들을 더욱 잘 이해하고, 개인의 특성에 맞춘 올바른 돌봄을 제공할 수 있다.

인자 쫌 그만 하소

내 집과 아들에 대한 기억뿐이다. 대문을 나서면서부터 시작되는 불안은 눈빛에서부터 느껴진다. 아무리 다정하게 호호 할머니를 보듬어도 불안함을 완전히 해소시키기엔 한계가 있다.

등원 후 한 시간이 지나면, 호호 할머니의 불안은 집에 돌아가는 걱정으로 시작되어, 누가 나를 데리고 가는지, 집 문을 열 수 있는 열쇠는 있는지, 지나가는 요양보호사를 모두 붙잡고 읍소하듯 묻고 또 묻기를 반복한다. 그럴 때마다 항상 같은 어조로 불안해하는 할머니의 마음을 다독여야 한다.

옆자리에서 이 광경을 지켜보고 있던 다른 어르신이 한마디 한다.

"쫌! 고만 물어보소! 다 해 준다잖소. 묻고 또 묻고. 시끄러버 몬 살것네!"

그러자 수그러들던 호호 할머니의 불안감이 갑자기 증폭되어, 평소 조용하던 분이 갑자기 소리를 꽥 지른다.

"내가 뭘 잘못했다고! 내가 당신한테 물었나? 또 얼마나 물어봤다고 난리고, 난리는! 어잇!"

1차 불안은 두 분 중 한 분에게 양해를 구하고 자리를 옮기면서 잠깐 잠잠해진다. 그러다가 점심 휴게 시간이 끝날 무렵이 되면 2차 불안이 다시 시작된다.

"누가 날 데려다 줍니까?"

"네~ 어르신, 걱정 안 하셔도 돼요. 저희들이 댁을 알고 있어 모셔다드리니 마음 편히 계셔도 됩니다."

몇 번이고 반복되는 질문에 답을 해도 십 분이 지나지 않아 또 불안해하고, 그 불안으로 인해 화장실을 찾는 횟

수도 잦아진다.

또, 아무것도 아닌 일로 주변인들이 자신을 무시하고 있다는 생각이 들면,

"왜! 나는 왜 빼고 할라 카노!"

원망의 눈빛으로 소리를 내지를 땐, 최대한 차분하게 잘못된 부분을 이해시켜 드리고, 본인이 원하는 것을 찾아 채워준다. 그러면 이내 또 고맙고 미안하단 표현을 한다.

어느 날은 너무 외롭다며 눈물짓는 어르신이 집에 가도 혼자고, 외로워서 죽고 싶은데 그것도 마음대로 안된다며 손을 잡고 하소연할 때가 있다. 오히려 그때는 심리 상태가 안정되는 하루 중의 얼마 안 되는 순간이기도 하다.

호호 할머니의 불안은, 급기야 일하고 있는 아들에게 전화해 언제 나를 데려가냐며 다그치기도 한다. 그 불안의 버튼이 몇 분 간격으로 작동되어 아들을 재촉하다가, 요양사들의 설득과 만류에 막히게 되면, 버럭 화를 내며 화장실로 들어가 버린다. 그것도 잠시, 지친 보호자가 전화를 받지 않으면 무슨 일이라도 났는지 걱정을 하며 계속 단축

키를 누른다.

"어르신, 아드님이 여섯시쯤 모시러 온대요."

"정말입니꺼? 언제 그랍디꺼?"

"어제도, 그제도 어르신 모시러 왔고, 오늘도 조금만 더 기다리면 올 겁니다. 그러니 맘 편히 기다리세요. 정말 효자 아드님을 두신 어르신을 모두 부러워하세요. 어르신은 복도 많으세요. 아드님이 인물도 얼마나 좋은지."

아들 이야기로 흥분된 마음이 조금 가라앉으면,

"집도 먼 데, 나 때매 고생을 너무 시켜서 미안혀."

"그래도 아드님 오면 너무 좋으시죠?"

슬며시 미소 지으며 고개만 끄덕인다.

생활실 입구 쪽에 아들의 모습이 보여 그 소식을 전하면, 다리가 아파 잘 걷지도 못하면서 한달음에 달려간다.

"니 왔나? 고맙데이!"

연신 중얼거리며 뒤도 보지 않고 엘리베이터 안으로 모습을 감춘다.

내일부터 다시는 오지 않을 사람처럼.

,

어르신들의 센터 적응 시간은 평균값이란 게 없다. 어떤 분은 하루도 채 지나지 않아 주변 상황과 패턴 등을 완벽하게 파악하고 몇 주 이상 다닌 어르신보다 더 잘 지내는가 하면, 또 어떤 분은 긴 시간 동안 천천히 신뢰가 다져져야 살며시 마음의 빗장을 열고 안도하기도 한다.

바라는 것은 보호자들이 인내하며 기다리는 시간보다 단 하루 만이라도 어르신들의 적응이 빨리 이루어지는 것, 그것이 간절할 따름이다. 그 시간이 더뎌질수록 또 다른 이별로 어르신들이 아파할 것을 알기에 온 마음을 다해 손을 잡고 마음의 온기를 전하고자 애를 쓴다.

적응력 하나는 갑이여

　주간보호센터 입소 전, 보호자와의 상담을 통해 어르신의 과거 이력과 가족 관계, 그리고 신체적, 심리적 상태와 사소한 습관까지도 미리 파악을 한다.
　첫 등원하는 하하 할아버지를 모시러 가는 날, 미리 파악해 둔 개인 사항을 다시 한번 살피고,
　'센터 입소 거부 심함. 자식들의 권유와 설득으로 마지못해 등원 결심.'
　다소 걱정을 하며 초인종을 눌렀는데, 다행히 첫날이라 딸 보호자가 하하 할아버지의 등원 준비를 마치고 기다리

고 있었다. 보호자와는 달리 할아버지는 굳은 표정으로 침대에 걸터앉아 있었다.

"어르신~ 안녕하세요? 처음 뵙겠습니다. 오늘부터 어르신을 모시게 되었습니다. 너무 반갑습니다!"

아주 밝은 표정과 목소리로 인사를 했지만, 돌아오는 답은 누가 들어도 너무 싫다는 투로 짧게,

"예."

천천히 하하 할아버지를 부축해 일으켜 세우는데, 다리에 힘이 없어 다시 침대에 풀썩 주저앉아 버렸다. 보호자에게 물으니, 기운이 없어 힘들어하는 경우가 잦아지고 있다고 했다. 차량까지 함께 부축해서 어렵사리 모시고 센터로 들어왔다. 휠체어가 필요할 만큼 보행이 힘들었다.

다행히 하하 할아버지의 인지 상태는 나쁘지 않아 대화가 가능한 분들 주변으로 자리를 정하고 첫날을 시작했다. 보행 상태에 따라서 화장실 이동 여부를 수시로 확인하고, 코로나19 이후 생활화된 손 소독과 마스크 착용을 모두가 잘 따르며, 등원하는 순서대로 자리해서 하루 일과를 착착

해나가는 주위 어르신들을 지켜본 하하 할아버지는, 아침 등원 때 어두웠던 표정은 온데간데없고 몇 시간 만에 생동감이 넘쳐 보였다.

점심 식사 후 하하 할아버지의 상태는, 완전히 다른 사람이 된 것처럼 옆자리에 앉아 있던 호호 할머니와 웃으며 대화도 하고, 화장실 이동을 워커바(보조보행기)로 도와드리자 다리에 힘을 주고 잠깐씩이나마 서 있기도 하며, 그렇게 오전과는 사뭇 다른 할아버지가 되어갔다.

모두들 적응력 갑인 하하 할아버지를 보며 놀라워했다. 첫날을 무사히 보낸 할아버지는 웃음 가득 밝은 표정으로 휠체어에 올라 하원 준비를 하고 있었다.

"어르신~ 오늘 첫날인데 어떠셨나요?"

"감사합니다. 잘 보내고 갑니다."

정중하게 인사를 하고, 내일도 모시러 가니 꼭 나오라는 말에, "예~!" 활기차게 대답을 했다.

다음 날 아침, 하하 할아버지를 모시러 댁에 들어가서 깜짝 놀랐다. 어제는 제대로 서지도 못하던 할아버지가 지팡이를 짚고 천천히 방을 걸어 나오고 있었다.

"어르신, 잠시만요! 제가 부축해 드릴게요. 괜찮으세요?"

"안녕하세요? 이 정돈 걸을 수 있어요."

하하 할아버지를 부축하며, 힘이 없어 휘청할 때가 많아도 혼자 해보려는 그 의지에 감탄을 하지 않을 수 없었다. 하루만에 너무 달라진 할아버지에게 '엄지 척!'을 하자, 피식 웃어도 준다. '됐구나!'

가족들의 걱정과는 달리 하루 만에 센터 적응을 마치고, 걸을 수 있다는 의지까지 보여준 하하 할아버지는 이틀째가 되자, 이제는 운동을 해보겠다며 도움을 요청해 함께 생활실 돌기를 시작했다. 의욕이 너무 앞서 한 바퀴로 만족을 해야 했지만, 곧 혼자서도 걸을 수 있을 것만 같았다. 할아버지는 힘들어했지만, 전날의 상태를 알고 있던 요양보호사는 내일이 기다려졌다. 오늘과는 또 다른 할아버지의 모습을. 센터에서의 즐거움이 커지고 있는 모습을.

몇 주가 지나, 하하 할아버지는 혼자서도 보행을 잘하고 센터의 모든 프로그램에도 적극 참여했다. 무엇보다 운동을 열심히 하며 센터 생활에 무척 만족해하고 있었다. 그 즈음 이곳에 오기 전의 생활에 대해 물어보았다.

하던 일을 그만둔 후, 친구들과 파크 골프를 치며 노년 후반부를 보내다 갑자기 사고로 수술을 하게 되었고, 이후 집과 병원만 오가다 보니 친구들과도 자연스레 멀어지고, 집에서 쓸쓸하게 지내게 되었다고 했다. 그런 아버지를 안타깝게 지켜보던 자식들이 주간보호센터 다니기를 권유했는데, 처음에는 치매 노인들이 가는 곳에 절대 갈 수 없다며 거절하다 몸과 마음이 계속 불편해지기만 하는 것 같아 마지못해 오게 되었다는 이야기를 해주었다. 덧붙이기를, 지금은 좀 더 일찍 오지 않은 걸 후회한다고….

,

그저 지금의 상태만이라도 잘 유지해 가족들과 오래 함께하며 센터에서 즐겁게 지내다 너무 힘들지 않게 마지막을 맞이하는 것, 어르신들 모두가 바라는 소망이다.

그 소망 이루시길, 나 역시 한 마음으로 기도한다.

할 일이 태산이라 못 가

　주간보호센터에 나오는 어르신들 대부분이 본인의 의지보다는 보호자의 권유나 설득에 의해 처음 센터를 찾는 경우가 대부분이다. 어렵게 시작된 센터에서의 생활이지만, 어느 정도 적응 기간이 지나면 즐겁게 일상을 받아들이고 만족해하는 경우가 많다.
　그러나 어떤 일이든 모두가 만족할 수는 없고, 항상 예외가 존재하는 것 역시 엄연한 사실이다. 본인의 의지와 상관없는 공동생활의 질서와 규칙이 힘들어 그만두기도 하고, 각자의 욕구가 원하는 만큼 충족되지 못해 화를 내며 마무리되기도, 또 적응 기간이 상당히 길어지는 어르신들도 있다. 어린이집이나 유치원에 처음 등원하는 어린아이들과 다를 바가 없다. 새로운 것에 대한 호기심보단 두려움이 앞서고, 익숙해서 편안했던 것들이 갑자기 자신을 불편하게 만드는 이유가 되기도 하는 것이 다르다면 다를 뿐, 적응해 나가는 과정은 별반 다를 것이 없다.

자신의 아들과 손자, 손녀와 함께 생활하고 있는 호호 할머니는 집안일을 손에서 놓을 수가 없다. 그들을 돌봐야 할 사람이 오직 할머니뿐이니, 출근하는 아들, 등교하는 손주들 밥이며 빨래며, 온갖 일을 쉴 새 없이 하고 있다.

그런 엄마를 잠시만이라도 쉴 수 있게 해야 한다며 딸이 무작정 센터에 등록을 했다. 호호 할머니에게 과하게 얹어진 삶의 무게 때문일까. 점차 일상생활이 어려워지더니 초기 노인성 치매까지 찾아왔다.

첫 등원 때부터 집안일이 많아 놀러 갈 수 없다는 어르신을,

"어르신~ 가시면 좋은 친구분들 많이 있으니, 즐겁게

지내시다가 점심만 드시고 오셔요."

"내가 왜? 집에 밥이 없나, 거기 가서 밥을 왜 묵는데!"

"집에 밥이 없어서 드리는 게 아니고, 그간 고생 많이 하신 어르신들을 나라에서 건강하게 잘 지내시라고 보살펴 드리는 곳이라, 편하게 다녀오시면 돼요."

모시러 간 요양보호사와 딸의 설득으로 가기 싫은 걸음을 옮긴다.

매일 함께 설득하고, 하고 있던 집안일을 마저 도와 빨래 널기, 개밥 주기, 채소밭 물 주기를 끝내고 나서야 대문을 나서는데,

"아이고, 내가 방에 테레비를 안 끄고 나왔뿌릿네. 우리 그... 개밥도 안 줬는데, 주고 가야 하는데...."

요양사는 차 안에서 기다리는 다른 어르신들로 마음이 조급한데, 호호 할머니는 외출 전 집안 단속에 마음이 영 편치가 않다. 손을 잡고 겨우 골목을 벗어나자, 이내 또 한 말씀,

"내가 할 일이 천진데, 꼭 가야 하능교? 으이?"

"어르신, 일이 너무 많고 힘드신 건 저도 잘 아는데, 그래도 센터에 가면 잠시라도 친구분들과 대화도 하고 물리치료도 받으며 쉬시라고 따님이 보내는데, 함께 잘 지내봐요~."

등원 차량에 올라서며 인사하고 막 출발하려는데,

"아이고, 내가 부엌에 가스 불을 안 끄고 온 것 같다. 이거 우짜노!"

크고 불안한 목소리가 차 안 전체를 휘감는다.

"어르신~ 걱정 마세요. 차 돌려서 다시 한번 가볼게요."

차 안에 있던 몇 분의 어르신들 입을 모아,

"그래, 가스는 확인해 봐야재. 불나마 큰일인데. 그럼!"

결국 차를 돌려 가스 꺼짐을 확인한 후에, 마침내 센터로 방향을 잡는다. 이러한 일들은 호호 할머니가 센터로 향하는 과정에서 늘 겪게 되는 일상이다.

봄 장날에 모종들이 나오기 시작하면, 호호 할머니의 또 다른 일탈이 시작된다.

할머니의 집 옆에는 할머니 자랑거리의 결정판인 텃밭

이 있는데, 그곳에는 몇 그루의 과일나무가 제법 크게 자라고 있고, 바로 아래 밭을 소일거리로 일구곤 했다.

때가 온 것이다. 상추씨를 뿌려야 하고, 고추 모종을 사와서 텃밭을 가득 채워나가야 할 봄이 온 것이다. 전화를 받지 않아서 모시러 가보면, 텃밭에 나와 밭을 일구느라 정신없이 호미질을 하고 있다. 옆에 앉아 이제 그만 가자며 설득을 해보지만, 아직 반도 못 끝낸 일을 두고 어딜 가느냐며 어림도 없다는 굳은 자세를 취한다.

"어르신~ 아침 전이시죠? 센터에 가서 아침 드시고 좀 쉬었다가 일찍 들어와서 또 하시죠. 계속하면 너무 지치실 것 같아요."

꿈적도 하지 않다가 아침밥 얘기에 조금 힘들고 배도 고팠던지 엉덩이를 툴툴 털고 일어서면, 그날은 등원에 성공이다. 끝까지 포기하지 않고 계속 앉아서 호미질을 하는 날엔 어쩔 수 없이 물러나야 한다. 더군다나 상추씨를 뿌리고, 고추 모종을 심고, 호박 심을 구덩이를 파는 봄날, '나 홀로 농번기'에는 호호 할머니를 대부분 텃밭으로 가서 모셔야 하는 날이 많아, 가끔 비라도 내리길 바란 적이 있다.

그렇게 시간이 지나 무더운 여름이 오면, 텃밭 나가기가 힘에 부쳐 센터 등원이 원활해진다. 하지만 그것도 잠시, 또 다른 '가을 일탈'이 기다리고 있다. 도토리를 주우러 옆 동산을 오른다. 전화도 받지 않고 집에도 없으면, 자주 다니는 동선을 따라 동네를 한번 돌아본다. 그러면 어디선가 불쑥 나타나 가방 한가득 주운 도토리를 내보이며 자랑을 한다. 매일 아침 그렇게 주워온 도토리는 큰 고무통에 담겨 쌓이더니, 반 이상쯤 되자 멈추었다.

밭을 일궈 모종을 심고 잡초를 뽑는 일, 도토리를 주우러 산을 오르는 일, 이 모두가 하하 할머니의 몸에 밴 오랜 습관이라 어찌할 수는 없다. 어쩌면 그런 공간이 있다는 사실에 감사해야 할지도 모를 일이다. 다치지만 않는다면….

수확한 땀의 결과물들은 자식들도 그리 달가워하지 않으니, 서서히 다시 땅으로, 흙으로 돌아간다.

,

    일상이 바쁜 호호 할머니를 모시느라 힘은 들었지만, 일년 정도 지나면서부터는 차츰 센터 생활에 적응해 나갔다.

    하루는 등원 때 집까지 찾아가지 않았는데도 먼저 나와서 차를 기다리고 있기도 했다. 또 손주들이 방학이라 가끔 못 올 때를 제외하면, 먼저 준비하고 등원하는 날이 많아졌다.

    "또, 언제 가능교?"

    도리어 묻는 날이 있을 정도로 센터 생활을 잘 해오고 있다. 하지만 조금씩 인지력이 나빠지고 있어 지금 상태만이라도 잘 유지하며 지내길 기도하는 마음이다.

    힘이 들어도 아직 돌봐야 할 손주들이 있고, 자식들이 알아주지 않아도 내 의지로 충분히 할 수 있는 일이 있다는 것, 그것이 되려 호호 할머니에게 샘솟는 기운이 되어 주길….

나도 영감만큼 늙었소

이른 아침 어르신들을 모시러 가는 승합차에서 도착을 알리는 전화를 한다.

"안녕하십니까? 어르신, 준비하고 나오시면 됩니다. 곧 도착합니다~."

"네~ 관리실 앞입니다."

하하 할아버지의 부인이 전화를 받는다.

아파트 입구 관리실 앞, 큰 체구의 하하 할아버지는 작고 비좁은 의자에 앉아 있고, 옆에는 자그마한 키에 꼿꼿하게 뒷짐을 지고 훈련병을 가르치는 조교처럼 서 있는 할머니가 보인다.

조금이라도 더 운동을 해야 한다는 조교님의 명령에, 차량이 도착하기 몇 분 전부터 아파트를 한차례 돌고 자리에 앉아 등원 차량을 기다리고 있다.

하하 할아버지는 운동이 싫다. 조교같이 다그치는 마누라도 밉다. 걷다가 몇 번 넘어지고 나서부터는 걷는 것이 두려운지 상당히 조심해서 움직인다. 그런데 할머니의 잔소리에 오늘도 억지로 마당을 돌고, 더구나 소변 실수까지 한 상태라 기분이 영 좋지가 않다.

"어르신~ 안녕하세요? 이제 아침 기온이 제법 쌀쌀한데 나오기가 힘드시죠?"

하하 할아버지는 대꾸도 없이 무표정하게 차에 오르고, 할머니가 뒤에서,

"춥기는, 아직은 괜찮아요. 운동하기 딱 좋은 날인데 뭐. 잘 다녀오소!"

배웅을 하지만, 하하 할아버지는 아무 대답이 없다.

다른 어르신들을 모시고 한 바퀴 휘~ 돌아 주간보호센

터로 와서는 하하 할아버지의 기분이 상하지 않도록 최대한 공손하게 실수한 기저귀를 갈아야 함을 인지시킨 후 진행한다. 할아버지의 실수는 부끄러운 것이 아니라 노화에 의해 신체 기능이 약해져서 오는 것임을 자연스럽게 받아들이게 하고, 돌봄을 주고받는 모두의 자존감이 상하지 않게 말, 행동에 각별히 신중을 기한다.

하하 할아버지의 귀에 대고 속삭이듯 등원 전에 실수한 내용을 조곤조곤 얘기하면, 조용히 자리에서 일어나 화장실로 이동해 준다. 그리고 더 부드럽고 신속하게 교체를 마무리하고는 협조해 준 것에 감사를 드린다. 말은 없지만 할아버지의 부드러운 표정과 몸짓에서 알 수 있다. 더 고마워하고 있음을....

하하 할아버지의 기억 속에는 센터의 대부분 어르신들을 예전부터 알고 있었으며, 이곳에서 다들 오랜만에 만나 무척 반가운 사람들로 인식하고 있다. 그중 좀 더 익숙하게 보는 얼굴들은 직장을 함께 다니던 동료이고, 예전에 같은 동네 이웃으로 살던 이들이다.

처음 왔을 때, 어느 한 분을 보고 너무 반갑게 인사를 해, 예전에 알던 분을 오랜만에 다시 만난 줄 알았다. 조금 더 지켜보니 하하 할아버지는 반갑게 인사하고 이야기를 하는데, 상대편 어르신의 반응은 무표정으로 일관하고 있었다. 서로가 다른 곳을 응시하며 하하 할아버지 혼자만의 대화를 이어갔다.

"저번 모임에는 왜 안 나왔노? ○○이는 잘 살고 있나?"

여전히 옆의 어르신에겐 자신과 상관없는 이야기다. 결국 말을 받은 건 그 상황을 지켜보고 있던 요양보호사,

"어르신, 언제 모임에 다녀오셨나 봐요? ○○○ 어르신과는 같은 모임에 다니시고요?"

"그라믄! 오래된 모임이고 말고, 집에 할마시 하고도 잘 아는 사이재!"

한참 동안 지난날을 회상하며 이야기하는 하하 할아버지의 표정이 환하게 밝아진다.

매번 하루를 마무리하는 체조를 끝으로 할아버지는 집으로 돌아가는데, 웬일인지 체조는 안 하고 화가 잔뜩 난

표정으로 미동조차 없이 앉아 있다.

"어르신~ 체조 따라 하지 않으세요? 이제 곧 댁으로 모셔다드릴게요. 정리 운동하고 가시죠?"

"체조는 무신... 뭐 할라고 붙잡노! 집으로 바로 가믄 되지!"

뭔가 잔뜩 불만스러운 말투다.

"체조 금방 끝나니까 곧 차량을 대기시키겠습니다. 잠시만 기다려주실 수 있나요?"

"그래! 금방 끝나마 쪼매 기다리지."

알 수 없는 이유로 감정의 기복이 생길 땐, 잠시 그대로 상황을 지켜보다, 안 되겠다 싶으면 공간을 이동해서 변화를 주기도 한다. 어떤 특별한 이유 없이 본인도 모르게 불쑥 화가 나는 그런 날이다. 하원 시간이 다 되어, 결국 집으로 가면서 하하 할아버지의 정체불명의 화가 사그라들기를 바랄 따름이었다.

하하 할아버지는 한동안 이유 없이 어깨가 아프다며 병원을 수차례 다녔으나 원인을 찾지 못했다. 시간이 지나면

회복될 줄 알았는데 그렇지 못했고, 어깨가 아프니 팔까지 자유롭게 움직이지 못했다.

차에서 아픈 팔로 내려서기가 힘들었던지 인상을 팍 찌푸리곤 현관 앞에서 기다리고 있던 할머니를 향해 버럭 화를 내며 지팡이를 휘두르려고 했다. 할머니도 그런 하하 할아버지의 갑작스러운 호통과 행동에 화가 나서 함께 소리 지르며 당장이라도 싸울 기세로 날카로워지는 상황이 발생했다.

간신히 두 분을 말렸으나, 할머니가 많이 지쳐 보였다. 본인도 보살핌이 필요한 나이에, 몸집이 크고 고집 센 하하 할아버지를 수년간 보살펴 왔으니, 정신적으로나 체력적으로 많이 피폐해져 그나마 남아 있던 배려심마저 바닥을 드러내고 말았다. 할머니의 힘듦은 잘 알지만, 지금은 더 자극을 하면 안 되니 조금만 더 참고 할아버지가 하는 걸 잠시 지켜보라는 부족한 당부를 하고 돌아왔다. 그 후 상황이 염려스러워 연락해 보니, 집으로 들어와서는 조용하게 있다며, 고맙단 인사를 전했다.

연로하고 가냘픈 할머니, 가장 든든한 동반자이자 보호자로서 항상 하는 말이,

"마지막이 언제든 그때까지 함께하려는 마음은 있는데, 나도 몸이 너무 힘들어 걱정이라우."

그 마음을 존중하여 최선을 다해 도와드리겠다 답을 드리고, 만약 더 힘들 때가 오면 또 다른 방법이 있으니 너무 앞서 걱정하지 말 것을 당부드렸다.

그러나 오래지 않아 하하 할아버지의 상태가 갑자기 위중해졌고, 끝내 부고가 전해졌다.

,

먼 길 떠나는 날이 그리 춥지 않아, 남겨진 할머니에게는 작은 위안이 된 것 같다.

장례식장을 돌아 나오며 다시 한번 마음속 다짐을 되뇐다. 나와 인연이 닿아 만나는 어르신들과 얼마의 시간을 함께할 수 있을지는 몰라도, 행복하고 아름다운 기억들을 하나라도 더 남겨드리기 위해 최선을 다해 보리라.

돌봄 **5장**

진정성 있는 대화와 나눔

- 시간이 왜 자꾸 거꾸로 흘러
- 아직도 심쿵하나
- 저 아직 많이 어려요
- 여기가 마지막 희망터야
- 키만 큰 게 아니야

치매 환자라 해서 하루 대부분의 시간을 불안한 상태로 있는 것은 아니다. 평범한 대화를 잘 나누다가도 어떤 알 수 없는 상황에 노출되었을 때, 몸속 호르몬의 불균형으로 좀처럼 이해하기 힘든 행동과 반응이 나타난다. 이럴 경우 잘못된 오해와 편견을 가지면, 환자를 상대하고 관리하는 과정에서 예기치 못한, 불필요한 문제를 야기할 수도 있다.

환자지만 일반인처럼 소통하기를 원하는 그들에게 진정성 있는 대화와 감정의 교류를 통해 한 인간으로서 존중받고 있음을 느끼게 해 주어야 한다. 그런 후에야 비로소 그들의 불안이 어디서부터 생겨났고, 또 필요한 도움은 무엇인지, 보다 근접한 해결책을 제시하여 합리적인 돌봄을 할 수 있다.

시간이 왜 자꾸 거꾸로 흘러

출석 확인을 할 때 하하 할아버지의 이름을 부르면, 누구보다 씩씩하고 또렷하게 한 팔을 높이 들며 대답을 한다. 하루 중 할아버지가 유일하게 활기찬 모습을 보일 때가 바로 출석을 부르는 그 순간이다. 이후로는 입을 꾹 닫아버린다. 마치 세상과의 통로가 갑자기 끊겨버린 듯.

하하 할아버지는 삼 년 전만 해도 주변 분들과 이야기도 잘 나누고, 즐겨 부르는 노래도 서너 곡은 되어 자주 부르곤 했다. 또 친하게 지내던 몇몇 분들과는 가끔 장난을 칠 때도 있었고, 그럴 때면 생활실이 조금 소란스러워지기까지 해서 상대방 어르신들 기분을 살펴 가며 만류를 해야 하는 경우도 있었다.

그러다 코로나 확진으로 자택 격리와 함께 여러 상황이 악화되면서 하하 할아버지의 말수는 점점 줄었고, 무얼 물어도 그냥 모른다고 하거나, 고개만 끄덕이거나, 겨우 단답으로 표현하며 급격히 인지 능력이 저하되어 갔다.

하루는 허공만 응시하고 있는 하하 할아버지에게 뭐 필요한 것이 있는지 물어보았으나, 손가락으로 어딘가를 가리키며 웅얼거리기만 하였다. 곧 화장실 쪽으로 몸을 돌리고 앉아 있는 것이 그쪽에 볼일이 있어서 임을 알게 되었다. 일상생활이 점점 어려워지고 있었다. 주기적으로 병원 진료를 받고 약을 처방받아도 인지 상태는 계속 나빠져만 갔다.

하하 할아버지는 프로그램에 참여하는 것이 어려워졌고, 노래방 시간에 평소 좋아하던 가요를 틀어드려도 마이크를 잡고 첫 소절은 부르나, 가사도 곡도 전혀 다른 노래가 나왔다. 할아버지가 마이크를 내려놓을 때까지 모두 박자를 맞추며 박수를 쳤으나, 애창곡 1절도 채 부르지 못하고 자리로 돌아와 앉았다. 그리고 다시 멍하니 앞만 바라보았다.

하하 할아버지의 욕구를 대화를 통해 해결할 수 있는 시기는 지났고, 오로지 본능적인 욕구의 몸짓을 파악해서 불편을 덜어드려야만 했다.

여느 날처럼 하원 시간이 되어 준비를 하는데, 하하 할아버지가 생활실을 나가지 않겠다며 온 힘을 다해 버티기 시작했다. 먹는 약 기운 탓인지 잠에 취한 날이면 이처럼 승합차 타기를 강하게 거부하기도 했다. 강제로 어찌할 수 없어 보호자에게 연락한 후 안정되길 기다렸다. 그러다가도 마음이 안정되면, 스스로 차에 올라 하원이 가능해지기도 한다. 왠지 할아버지의 시간은 자꾸만 거꾸로 되돌아가는 것만 같다.

하하 할아버지의 거꾸로 가는 시간은 아침 등원 때의 장면도 바꾸어 놓았다. 예전엔 할아버지가 먼저 걸어 나오면 그 뒤를 아들이 따라 나오며 배웅을 했으나, 할아버지의 상태가 역행되면서부터는 아들이 아버지의 손을 꼭 잡고 집에서 내려오는 모습이 되었다. 아침마다 치매 아버지를 배웅하는 아들의 미소만큼은 늘 아름다웠다. 잘 놀다 오시라며 건네는 아들의 인사에 답을 해주지는 못해도 손끝으로 전해지는 아들의 사랑을 하하 할아버지는 오롯이 느끼며 평온한 마음으로 차에 오른다. 아주 오래전 유치원 차에 자신을 태워주던 아버지의 마음으로, 이제는 아들이 아버지의 노치원 가는 길을 배웅하고 있다.

하하 할아버지의 거꾸로 가는 시간의 흐름이 빨라지면서 보호자에게는 점점 더 힘든 시간이 늘어갔다. "긴 병에 효자 없다."라는 속담처럼 몇 년간 치매 아버지를 보살피면서 그의 사라지는 기억들과 흐트러진 일상들이 가족들에겐 큰 고통과 아픔이었을 것이다.

아버지를 안정적으로 돌봐드리기 위해 집과 센터를 오가며 최선을 다하는 아들의 노력에도 불구하고, 하하 할아버지의 거꾸로 달리는 시간은 멈추지 않았다. 밤낮이 바뀌어 가족이 힘들고, 공동주택에서 소리쳐 이웃도 힘들어하는 상황에, 센터에서의 프로그램 참여마저 어려워졌다. 게다가 크고 작은 소란까지….

더 이상 보호를 받을 수가 없어 가족들의 결정으로 주간보호센터 생활을 마무리하고, 요양병원으로 자리를 옮기게 되었다.

,

사춘기, 갱년기와 같이 어느 한 시기만 겪는 것이라면 좋으련만, 치매는 의학적인 도움과 따뜻한 돌봄을 통해 더 나빠지지 않고 지금의 상태를 유지하는 것만이 유일한 최선이라 한다.

'설마' 하며 사랑하는 사람의 치매를 두고 보지 않고, '설령' 치매가 왔더라도 두려워하지 말고, 그들과 함께 살아갈 방법을 찾는다면, 길은 놓여있다.

아직도 심쿵하나

　어르신들 대부분은 누군가가 건네는 따뜻한 말과 부드러운 손길로 인해 깊은 외로움으로 싸늘해져 있던 마음이 봄눈 녹듯 사라지고, 함께해 주는 이들에게 고마움을 전하기도 한다.
　"손이 이렇게 따뜻하니, 마음은 또 얼마나 따뜻할까나!"
　아마도 당신이 살아있음을 느끼게 해주는 관심과 사랑에 대한 바람이 아닐까?
　주간보호센터에는 남녀 요양보호사와 젊은 복지사, 공익근무자들이 함께 근무를 하고 있어, 어르신들은 마치 자신의 손자, 손녀뻘 되는 젊은이들을 매일 만나 도움을 받고 있다. 심리적으로도 무척 좋은 영향을 주는 환경이라 할 수 있다. 무엇보다도 어르신들이 그들을 손자 보듯 귀여워해주고, 요양사 손보다 손자들('공익근무자'를 손자라 칭함) 손잡고 도움받기를 더 좋아한다.

딸만 셋 둔 호호 할머니가 유독 손자들을 좋아해서 그들 손을 잡고 이동하는데, 조금 불안해 보여 요양사가 대신 손을 바꿔 잡았다가 난리가 났다.

"아니! 왜 잘 가고 있는데, 애를 뺏아 가노?"

"에고~ 어르신, 죄송합니다. 혹시 이 친구가 실수라도 할까 봐 제가 보조하려고 했는데, 어르신이 괜찮으시면 제가 빠질게요."

젊은 친구들 보는 것만으로도 너무 흐뭇하고 좋다며 행복해한다. 사실 '손자들'은 본인의 의지와는 상관없이 군 복무 기간 동안 어르신들과 함께하는 의무를 다하는 것이지만, 사회적으로 너무나 바람직하고 아름다운 제도이자 환경이라 생각한다.

처음에 이곳 센터에 배속되어 할머니, 할아버지 손을 잡는 것도 힘들어하던 친구들이 한 달 정도 지나서 자기 조부모 대하듯 잘 모시는 것을 보면 너무 흐뭇하고, 무엇보다 어르신들이 그들을 보는 것만으로도 기운이 난다고 하니 더할 나위가 없다. 그런 만족이 있는 곳이라 다행이다.

아직 인지력이 있고 농담을 잘하는 호호 할머니와 하하 할아버지 가운데, 성적인 대화를 가볍게 즐기는 분들이 있다. 너무 심각하지 않은 수준에서 대화를 받아주면 상당히 즐거워하고, 불편할 것 같은 상황이 웃음으로 넘어갈 때도 있다.

점심 식사가 끝나고 잠시 누워 있는 하하 할아버지에게 이불을 덮어주는데, 손목을 잡고 나지막이 이야기한다.

"옆에 누버라! 같이 한숨 자자!"

"어르신~ 저도 그러면 좋겠는데, 지금은 너무 바쁜 시간이라서 쉴 수가 없어요. 그리고 여기는 일하는 직장인데 누워 있으면 어떻게 될까요?"

"그래? 안 되나?"

잡은 손을 살며시 풀고 내려놓으면 이내 다시 눈을 감는다. 더 이상의 요구는 없다.

이번엔 남자 요양사에게 호호 할머니가 비슷한 농담을 하자,

"어르신! 배가 너무 고파서 밥부터 좀 먹고 다시 오겠습니다."

호호 할머니 껄껄 웃으며,

"뭐라노! 밥 묵고 온다고? 시간 지나서 안된다. 이따가 내 치료받으러 가야 한다!"

그러면 주변의 모두가 까르르 넘어간다.

많은 어르신들이 어느 정도의 성적인 농담들을 알아듣고 즐거워하기도 한다.

센터의 개방된 환경에서는 수위가 높은 성적인 대화나 행동은 할 수가 없다. 가볍게 받아서 웃어넘기면 되는 것이다.

아직 칠순이 안 된 하하 할아버지가 새로 들어왔는데, 얼굴만 봐도 불만이 가득해 보였다. 아니나 다를까, 센터

의 모든 것에 불만을 표하며 얼마나 더 나올지조차 알 수 없었다. 그러나 숙련된 요양사들이 할아버지의 불만들을 하나씩 들어가며, 해결할 수 있는 부분은 세심하게 살펴 들어드리고, 그 외엔 납득할 정도의 충분한 대화로 이해를 구해 나갔다.

또, 운동을 핑계 삼아 번갈아가며 하하 할아버지의 손을 꼭 잡고 생활실을 돌며 서로의 온기를 느끼고, 눈을 바라보며 이야기 나누는 시간을 늘려갔다. 그러자 할아버지의 표정이 차츰 유순하게 변하는 것을 볼 수 있었다. 모두가 진정성을 담은 돌봄의 결과였다.

하루는 생활실 반대편에 앉아 있던 하하 할아버지가 성큼성큼 다가와 눈을 빤히 쳐다보며 서 있었다.

"어르신~ 놀랐어요. 저를 부르시면 되는데, 뭐 필요하신 거라도 있으세요?"

"아니! 필요한 건 없는데... 선생 눈이 보고 싶어서."

"어머나! 멋쟁이 어르신께서 그렇게 말씀해 주시니 요즘 애들 말로, '심쿵' 한데요~."

"심쿵이 뭐꼬?"

"심장이 쿵! 하고 떨어진다는 말인데, 놀라고 설렌다는 뜻이라네요."

"하하하~."

어르신이 무안하지 않게 농담처럼 가볍게 받아넘기면 순간이 즐겁고, 그 순간들이 쌓이면 오래도록 마음이 밝아진다.

몸과 마음이 많이 지쳐있는 센터의 어르신들에게 다정하게 다가가 대화하고, 또 뜻대로 움직이지 않는 몸을 정성껏 돌보아 드리면, 어르신들은 그런 요양사를 많이 의지하고 좋아한다.

처음엔 서로 다른 성별과 갑을 관계에서 오는 신경 쓰임이 조금 있을 수 있겠지만, 진정성을 가지고 인간적인 돌봄이 지속되면 서로의 마음을 들여다보는 것이 가족보다 더 친근해지기도 한다.

세월이 흘러 몸이 늙지, 마음은 그렇지 않다고들 하지만, 아니다. 호호 할머니나 하하 할아버지의 굳게 닫힌 마음의 문을 열기란 결코 쉬운 일이 아니다. 하지만 잊힌 기억이나 정체된 감정 상태에 놓여 있다 하더라도, 이성에 의해 작동되는 작디 작은 느낌들은 밝은 기운을 품고 일상을 살아갈 수 있는 긍정 에너지로 작용한다.

저 아직 많이 어려요

호칭으로 '어르신'이나 '할머니'라고 부르기에는 너무 젊고 예쁜 분이 생활실에 들어왔다. 육십 대 초반이지만, 오십 대로 보아도 전혀 손색없는 외모에, 보는 어르신들마다 '새로 온 요양보호사인가?' 서로 의문의 눈빛을 주고받는다. 하지만 요양사들은 비슷한 또래 친구가 돌봄을 받기 위해 온 것에 맘이 무척 저리다.

신체엔 아무런 이상이 없다. 다만 대화를 나눠 보면 남은 기억들보다 잃어버린 기억들이 훨씬 많다. 그래도 얘길 주고받으며 단 하나라도 남아 있는 기억을 쫓아 추억을 더

듣어 본다. 사랑하는 자녀와의 추억 조각들, 흐려지고 있는 남편과의 첫 만남, 어렴풋이 이어지는 연결점이라도 찾으면 한번 웃어도 본다.

하루는 수십 년 전 남편과의 기억을 찾아보려 이야기를 꺼내보았다.

"어르신, 그 옛날 가슴 아프도록 누구를 좋아해 본 적이 있으신가요?"

"아니! 한 번도 그런 적 없는데."

"남편분을 만날 때, 아니면 더 어릴 적에 짝사랑 같은 건 안 해 보셨어요? 이쁘셔서 많았을 것 같은데요?"

"아니, 없어! 그냥 살았어!"

"남편분은 어떻게 만나셨어요?"

"몰라! 그냥 살았어."

좋았을 때가 어찌 없었을까. 단지 그 기억이 자꾸 사라져가고 있을 뿐....

"그러면, 지금이라도 가슴 설레는 사람을 만나고 싶은 생각은 있어요?"

"좋~지. 그러고 싶어."

"진짜로 자신 있어요? 멋져요, 어르신!"

"진짜 좋다니깐!"

대답하는 목소리가 커지고 표정도 한층 밝아진다. 혹 누구를 떠올리고 있는 건 아닐까?

"지금 생각나는 사람이 있으세요?"

"아니! 모르겠는데."

"그럼, 우리 같이 좋아하는 사람을 한번 만들어 볼까요?"

"제가 지금부터 요즘 인기 있는 임영웅이란 가수를 좋아해 보려고 마음을 열었어요. 어르신도 저랑 같이 좋아해 보실래요?"

"그래, 그러지 뭐. 그라자!"

하이파이브로 약속을 하고 자리에서 일어나 운동을 시작한다.

다른 어르신들에 비해 젊은 나이라 병세가 그대로 잘 유지되길 바란 것이 헛된 바람인지, 치매가 상당히 빠르게 진행되어, 방향감도 떨어지고 자연스러운 일상이 하루가 다르게 힘들어진다. 옷 갈아입기, 양치하기, 수저 바로 들고 밥 먹기까지도….

생활실에 얌전히 앉아 있는 모습만 봐서는 조금도 일상생활이 불편한 사람이라고는 생각되지 않는다. 그러다 보니 주변 어르신들이 오해를 해, 젊은 색시가 가만히 앉아서 감히 어르신들 구경이나 하고 있다며, 종종 인상을 쓰며 큰소리를 낼 때도 있고, 인지를 하는 몇몇 어르신들은 보듬어 배려해 주려 하기도 한다. 그러다 너무 과한 배려와 위로가 오히려 젊은 호호 할머니의 심기를 불편하게 만들기도 한다.

"왜 그러세요, 어르신?"

"어휴! 짜증이 나서 원!"

뒷말은 생략되었지만, 나이 든 어르신들의 과한 배려가 원인임을 알 수 있다. 유치원 다니는 손녀 대하듯 이것저것 챙겨주고 간섭을 하니, 이런 상황에서 어르신들에게 예의 없이 그만하라는 신호도 보낼 수 없고, 그래서 참다 참다 자리를 박차고 일어나, '나 지금 너무 힘든데 도와줘.'라는 말을 몸으로 하는 것이다. 얼른 젊은 호호 할머니의 손을 잡고 나와 다시 한번 생활실을 돌면서 마음을 진정시키고 다른 자리로 이동을 한다.

,

시간이 갈수록 함께 할 수 있는 건, 손을 잡고 나란히 걷는 것뿐. 날마다 기억의 산이 무너져 흘러내리고 있다.

그런 호호 할머니를 정해진 시간 동안 보살피는 우리 가슴도 이토록 아픈데, 하물며 가족들의 마음이야 오죽할까.

언제까지 가족들과, 또 우리와 함께 지낼 수 있을지는 모른다. 어쩌면 가족들은 차분하게 아내와, 엄마와 헤어질 준비를 이미 하고 있는지도 모른다. 그 준비가 옳고 바람직할지언정, 함께하는 시간의 소중함 역시 상존하고 있음을 잊지 않길 바라본다.

여기가 마지막 희망터야

여린 들꽃 같은 소녀 감성을 가진 호호 할머니가 병원 진료를 다녀왔다며 생활실로 들어서는데 양쪽 눈가가 붉게 변해 있었다. 가랑잎 같은 손을 잡아 부축하는데 작은 떨림이 느껴진다.

"어르신, 추우세요?"

계절은 이미 꽃도 피고 져서 여름을 향하고 있지만, 어르신의 계절은 아직 이른 봄이다. 아직도 춥다며 내의를 입고 있는 분들도 많다.

"아니, 오늘 내가 너무 힘들어서 잠깐 누버서 쉬어야겠네."

 툇마루에 자리를 봐드리고 돌아서는데 왠지 눈물을 감추는 것 같아 잠시 모른 척하며 마루에서 내려와, 주위를 떠나지 않고 호호 할머니의 움직임을 살폈다.

 오전부터 진행된 호호 할머니의 일정을 정확하게 모르는 상태라 섣불리 위로의 말을 건넬 수도 없었다. 잠시 후 담당 복지사와 연락이 닿아 할머니의 힘든 하루에 대한 이야기를 들을 수 있었다.

 건강보험공단에서 어르신마다 한 차례씩 돌아가며 실시하는 등급심사가 있다. 그로 인해 전날에 보호자인 아들과 통화를 했는데, 그 심사를 통과해야만 주간보호센터를 계속 다닐 수 있다는 내용이었다.

 어느 정도 인지가 있는 호호 할머니에게 센터를 다니지 못할 수도 있다는 말과 상황은 그야말로 청천벽력과도 같았다. 센터에서 너무나 즐거운 생활을 하고 있는데, 만약 이곳을 다니지 못하게 된다면 그건 마지막 희망이 사라지는 것과 같다. 이곳에서 생활하는 대다수 어르신들의 마음도 호호 할머니와 다르지 않다.

누워있던 호호 할머니가 조금 진정이 되었는지 일어나 마루에 걸터앉는다. 할머니에게 다가가 힘든 하루를 잘 보내셨다는 단순한 말을 건네자, 그만 울컥해서 눈시울이 다시 붉어진다.

"인자 여기 다니는 사람들 희망이 뭐가 있겠노?"

"아니, 어르신 희망이 왜 없어요. 당장 내일도 즐겁게 지내셔야 하는 큰일이 있는데요."

"아니여, 선생은 아직 젊어서 몰라. 우리네는 말이야, 여기서 지내다가 가는 게 마지막 바람인 기라. 근데 이래 살라믄 병원 가서 치매 검사받고, 또 판정도 받아야 한다고 해서 다 하고 나오는데, 갑자기 뭣이 이래 서글픈지… 젊을 때 하고 싶은 거 다 했다고 생각했는데, 인자 와서 남는 건 회한뿐이네. 에휴~."

이내 눈물이 주르륵 흐른다.

등급 재심사로 마음 졸이며 병원 가서 검사받느라 너무 과한 에너지를 썼는데다, 마지막 생활터로 생각했던 센터

마저도 어쩌면 못 다닐 수 있다는 불안과 걱정이 겹쳐 서러운 생각에 눈물이 난 것이다.

이미 모든 사실을 담당 복지사에게 들었던 요양보호사도 그 맘을 충분히 이해하기에 눈물이 났지만, 호호 할머니가 볼 새라 얼른 훔쳐낸다. 그리고는 품에 한번 꼭 안으며 등을 토닥인다.

"어르신! 오늘 너무 수고하셨으니 저녁 맛있게 드시고, 내일의 행복을 위해 남은 시간을 즐겁게 보내 봐요. 네~."

"그래, 운다고 뭣이 달라지것노. 그라지 뭐. 우리 요양사 선생이 꼬옥 안아주니까 너무 좋네."

"어르신, 어려운 일 아니니 제가 매일 안아 드릴게요. 그래도 될까요?"

"그라마, 나야 너무 좋재!"

언제나 긍정적이고 남을 먼저 배려하는 소녀 같은 호호 할머니, 좋아하는 김치 반찬을 수북이 올려 맛있게 식사를 하고, 마음이 많이 안정되자 친구분들과 담소를 나누며 힘들었던 하루를 잊어간다.

❜

　너무 힘든 날을 보내 지치고 우울해하는 어르신들이 있으면, 그들의 리셋 버튼이 조금 빨리 작동될 수 있도록 방법을 찾는다. 앞에 서서 평소보다 재롱도 더 부리고, 아양도 떨며, 좋아할 만한 얘깃거리를 꺼내 웃음도 찾아드린다. 그러다 보면, 터널 끝이 보이고 환한 빛이 스며든다.

　호호 할머니 댁에 도착할 때쯤이면, 언제 무슨 일이 있었냐는 듯 모든 상황은 리셋된다. 집으로 들어가는 할머니를 굳이 돌려세워 한 번 더 꼭 안아드린다.

　내일도, 또 내일도 한결같은 온기를 전할 수 있길….

키만 큰 게 아니야

주간보호센터 최고령 하하 할아버지, 키도 제일 커서 말없이 자리를 지키고 앉아 있으면, 마치 마을을 지키는 당산나무처럼 든든하기까지 하다.

병증이 깊어 센터를 다니는 것이 아니라, 연세가 많아 적당한 소일을 하며 하루를 보낼 곳이 필요했고, 또 할아버지를 모시는 며느리도 고령인 탓에 이곳을 찾게 되었다.

그러다 보니, 치매 보호 등급을 받아 등원하는 여러 어르신들과의 생활이 어찌 편하기만 했겠는가. 하지만 키다리 하하 할아버지의 불만을 들어 본 적은 없다. 다리가 너무 길어서 차량 탑승 시 자리를 넓게 해 달라는 부탁 외엔 오히려 남에게 더 많은 배려를 하는 할아버지였다.

큰 키로 휘청거리듯 등원하면, 먼저 주변 어르신들과 웃으며 인사하고, 아침 체조를 열심히 따라 한다. 그런 하하 할아버지 앞에선 한 동작 한 박자도 허투루 할 수가 없다. 오늘 이 순간이 마지막인 것처럼 매사 혼신의 힘을 다하는 하하 할아버지 앞에서는 어느 순간 숙연해지기까지 한다. 매시간, 그리기며 만들기며 최선을 다하고, 주변 분들의 부족한 부분까지 도와준다.

식후에 잠시 낮잠을 청한 후, 돋보기를 들고 신문을 읽으며 세상 돌아가는 이야기에도 관심을 놓지 않는다. 누구보다 하루를 알차게 보내는 키다리 하하 할아버지다.

센터에는 늘 베테랑 요양보호사라도 감당하기 힘든 어르신들이 있고, 또 바쁘게 일을 하다 보면 가끔 한 분 한 분 마음만큼 신속하게 보살펴 드리지 못할 때도 있다.

센터에 나온 지 며칠 되지 않은 호호 할머니 한 분의 상태가 너무 불안정해 옆자리에서 지켜봐야 하는 상황이 생겼다. 그 상황을 계속 주시하고 있던 하하 할아버지가 손짓을 하며 부르기에 가보니, 본인 옆자리가 비어 있으니 이리로 데려다주면 잠시라도 보고 있겠다는 배려였다.

키다리 하하 할아버지의 그늘은 마치 심리적 안정 공간인듯 가까이 있는 어르신들 모두가 평온해 보였다. 어느새 하하 할아버지를 센터의 제일 큰형님으로, 친근한 큰오빠로 인정하고 깍듯하게 대하는 모습에서, 치매와는 무관하게 할아버지의 존재감이 드러났다.

일 년 전 추석이 다가올 무렵, 차례상 차리기 수업을 진행하는데, 하하 할아버지가 손을 번쩍 들더니 직접 상차림을 해보겠다며 앞으로 나섰다. 주어진 시간 동안의 과제는 열심히 수행하곤 했지만, 본인이 먼저 아픈 다리를 부축받으며 앞으로 나와, 지방을 붙이고 상차림을 한 후 자리로 돌아가는 적극적인 행동은 처음이었다. 당연히 모두들 제일 큰 어르신의 상차림을 지켜보았다.

이후 코로나 팬데믹이 덮치면서 하하 할아버지도 자택 격리로 몇 주를 쉬게 되었다. 얼마 후 다시 등원한 할아버지는 조금 기력이 없고 수척해 보였지만, 시간이 지나면 거뜬히 예전 모습을 되찾을 것이라 모두가 믿고 있었다.

하지만, 하하 할아버지는 무엇인가 알게 된 듯 지나가는 말로,

"이번에는 힘들 것 같네."

그렇게 자리에 누워 보내는 날이 많아지던 어느 날 아침, 할아버지를 모시러 간 등원 차량을 통해 비보가 전해졌다.

새벽에 며느리가 방에 들어가 보니, 이미 돌아가셨더라는….

날씨가 너무 좋은 오월, 어느 날이었다. 기억한다. 키다리 하하 할아버지의 온기와 배려, 넉넉한 품이 그리워지는 찬란한 슬픔의 그날을.

센터에 오는 많은 어르신의 하나같은 바람이 있다면, 좋은 날은 아니어도 자는 잠에 이 세상 마침표를 찍고 싶다

는 것이다. 먼저 떠난 키다리 하하 할아버지처럼.

　어르신들을 보살펴 오면서 항상 생각한다. 어느 한 분이라도 귀하지 않은 분이 없고, 다들 나름의 긴 여정을 잘 지나 온 소중한 분들이라고.

　또 항상 기도한다. 이곳이 당신들을 위한 마지막 행복 놀이동산이 되고, 내가 당신들의 마지막 요양보호사가 되기를.

　오늘도 난, 그들에게 있어 '마지막'이 될 수도 있는 사소한 일상의 모든 것들을 살피며 '하루 선물'을 준비한다.

생의 마지막 쉼을 돕는 **돌봄,**
어느 요양보호사 이야기

초판 1쇄 | 2024년 7월 1일
지은이 | 이승희
책임편집 | 최문성
디자인 | 도로시

펴낸이 | 최문성
펴낸곳 | 도서출판 달구북
　　　　주소_대구광역시 수성구 범안로4안길 28, 1층 (범물동)
　　　　전화_070.4175.7470　팩스_0504.199.0257
　　　　전자우편_dalgubook21@naver.com
　　　　홈페이지_www.달구북.com

출판등록 | 제2022-000001호

© 2024, 이승희
ISBN 979-11-90458-41-2 (03810)

이 책은 저작권법에 따라 보호받는 저작물이므로 무단 전재 및 복제를 금합니다.
내용의 전부 또는 일부를 이용하려면 반드시 저작권자와 도서출판 달구북의 서면 동의를 받아야 합니다.